中学受験 超絶で 伸びる! 受かる 家庭の習慣

「合格コーチング」の超プロ
たなかみなこ

すばる舎

プロローグ

偏差値ガタ落ちから一転、御三家に合格！

「家でぜんっぜん勉強しなくって、ほんっとにイライラするんです！」

Mさんが「合格コーチング」にお越しになったのは、お嬢さんが小6の9月のことでした。

成績がガクンと落ち込み、自信も意欲も失いつつあるように見えたお嬢さんに焦りを感じていたMさん。心配になって注意をする度に、激しいバトルになっていました。

小6の秋といえば、受験が間近に迫る大事な時期。親にしてみれば不安になって当然です。**でも、Mさんが口出しすればするほどお嬢さんは反発し、家でダラダラする状況は変わりません。**

私のコーチングを受けることにしたMさんに真っ先にしていただいたことがあります。それは、「黙る」「信じる」「見守る」「口角を上げる」です。

たとえ家で勉強時間ゼロであっても、ダラダ

ラする不適切な行動を目にしても〝**華麗にスルー**〟していただいたのです。

その後わかったのですが、**お嬢さまは、塾で全力で勉強してくるタイプでした。**

ですが、「家でもコツコツやるべき！」という価値観を持っていたMさんから見ると、なまけているように見えてしまったのです。

その後、お子さんを見守る姿勢に変えていき、親子関係を修復したMさんは、お嬢さまとじっくり話し合い、お互いの役割を確認しました。**Mさんは勉強に口出しするのをやめ、助けを求められたときだけフォローする役に徹したのです。**

その結果、お嬢さまの勉強意欲はグンと増し、家でも自分のペースで淡々と勉強を進めるようになり、見事に御三家に合格です！

Mさんはなぜ、「合格ママ」になれたのか？

それは、お子さんの尻をたたく「べったりママ」から、

お子さんに任せる「さらりとママ」に変わったからです。

このように、べったりママをやめることで、お子さんが自信を持ち、本来の力を発揮し始めるケースは珍しくありません。いえむしろ**難関校に〝劇的に〟合格するお子さんのママに共通することな**のです。

数々の難関校に合格させているベテラン先生方の話によると、「少なくとも、小5から自分で勉強できる子でないとまずい」とのことです。

合格ママになる方法――、それは**小4終わりぐらいから徐々に子どもの勉強から手を離し、受験を子どもと塾に「さらりと任せる」こと**なのです。

ポイント①
べったり管理の「やめどき」がある！

難関校を受験する〝宿命〟とは？

とはいえ、受験勉強を子どもに「さらりと任せるのは難しい」という現状があるのも事実です。たとえば、難関校受験を目指すお子さんが通う、さる大手塾のある校舎では、親が子どもを管理し、宿題をやらせることを奨励しているといいます。

あるママの話では、その塾では保護者が先生に気軽に相談できないため、「私が全部やるしかない！」と精神的に追い詰められ、子どもを追い立ててしまうといいます。

実はこのように子どもをバリバリ管理しなくてはならないため、こうした大手塾に通うママの多くが悲鳴を上げているのです。

あるママのお子さんは、入塾時は上位クラスだったのに、日に日に成績が落ちていったそうです。

塾から出される大量の宿題を消化しきれず、やる気も自信もドンドン失っていくわが子に焦りを感じ、ガミガミ怒りながら何とか勉強させているそうです。でも、そんな自分に、

「私って、いいママじゃない！」

「このままじゃ、子どもをつぶしてしまうのでは！」

そんな恐れと不安を抱えながらも、一度乗ったレールから降りるわけにはいきません。

さばききれない大量のテキストの取捨選択や整理のほか、課題をこなす時間の確保に苦しみながら、

「合格でしか報われない」

こう思い、日々子どもの尻をたたき続けてしまうそうです。

これは、このママに限った話ではありません。私のコーチングにお見えになる、難関校受験を考えるママたちの多くが、似たような状況にあり、現状を打開したいと思い、私の元に駆け込んでいらっしゃいます。

ポイント②
「ムチャな頑張り」から解放される秘けつがある！

この方法で、難関校に合格する子が続出！

では、どうすればいいのか？

その最良の方法が、子どもと塾に任せる「さらりとママ」になること。**あれこれ口を出さず、勇気づけながら、折を見ながら上手に「声かけ」をしていくのです。**

この考え方のルーツは、コーチングとアドラー心理学からきています。

かつて私自身、幼い娘を受験に駆り立ててつぶしかけたことがありました。そんな体験を経て、当時から学び始めていたコーチングで、娘を承認する姿勢に切り替えました。

でも、何かが足りません。受験が近づいたあるとき、アドラー心理学と出会い、「これだ！」と思い取り入れてみたところ、今まで埋まらなかったピースが埋まり、娘の心も安定。結果、第一志望校に合格できました。

そのとき役立った方法をママたちに伝え始めたところ、受講されたママのお子さまたちが、御三家を含む難関校に続々と合格するようになりました。そのうえ、

「子どもが何でも相談してくれます」

「自分から勉強するようになりました」

信頼
ママ！受かったよ！いつもありがとう!!
合格証
がんばったね!! ママもうれしいよ〜〜
協力関係
絆

「本番の試験直前、ママ大好き！　と子どもが言って、ハグしてから行きました！」
「最後までやりきった！　お母さん、愛してるよと息子が言ってくれました」
「最高に楽しい受験でした！」

こんな声が男の子ママからも、女の子ママからも届いています。

つらい中学受験はもっと楽しくできるのです。

さらりとママのやり方なら、子どもが志望校に入学後も、親子の信頼関係は途切れることなく、いつでも話し合えて、協力し合える関係性を継続できています。**入学後、どのお子さまも燃え尽きることなく、その子らしく、中学校生活を謳歌できるのです。**入学後も順風満帆！　非常に使えるスキルなのです。

ポイント③ 合格できて、親子関係も良くなるコツがある

劇的に伸びて、楽しく合格できる秘けつとは！

「子どもが第一志望に合格できたら、どんなに幸せか……」

中学受験をしようと決めたその日から、私たち親は、この願いを叶えるために、あれこれと奔走して、より良い方法を追い求めはじめます。

それは、大切なわが子への愛情ゆえ！

どんな手を使ってでも合格させたい。たとえ、勉強漬けになったとしても……。
そう思うのも、また親の愛ゆえです。

でも、憧れの志望校に合格後も、子どもの人生は続きます。ずっと――。
もしも中学受験で、子どもが管理されることに慣れて自信を失い、かつ燃え尽きてしまったら、親としては一生の不覚ではないでしょうか。

子どもを管理しコントロールする「べったりやらせる」方式は、いずれ必ず行き詰まります。

最初は、お子さんをリードしてあげてもいいでしょう。
でもある時点で、中学受験を「親の受験」ではなく、「子どもの受験」として捉え直し、「さらりと本人に任せる」方式に変える必要があります。
うまくいく「合格ママ」は皆、これに気づいて、「さらりと任せるママ」になっています。

安心してください。生まれながらの「さらりと任せるママ」はほぼ皆無です！

実は、合格コーチングを受講されるママの約9割が「べったりやらせるママ」です。

でも、**合格コーチングを受講したママの多くが、最短3カ月で「合格ママ」へと華麗なる転身を遂げていきます。**その結果、

放っておいても、子どもが進んで勉強するようになる。

塾の先生が親身になって指導してくれ、劇的に学力が伸びていく。

難関校に合格する知力とメンタルを備え、万全の態勢で試験に臨める――。

こんな嬉しい成果が目に見える形で現れ、

すべてが好転していくのです。

本書では、御三家を始めとした難関校に子どもが受かる「合格ママ」になれる秘けつをわかりやすく楽しくお伝えしていきます。もちろん、ママだけでなく、「合格パパ」になっていただける秘けつでもありますので、ぜひご覧になってください。

ぜひ、愛するお子さんのために最良の方法を選び、お子さんと一緒に最高の結果を手にしてください。そのためのお手伝いができれば、これに勝る喜びはありません。

皆さまの中学受験がより楽しくなり、最高に実り豊かな成果が得られますことを心からお祈り致します。

たなかみなこ

二〇二〇年三月

参考文献

『勇気づけ勉強会ＥＬＭ講座テキスト』（有限会社　ヒューマン・ギルド開発、非売品）
『アドラー心理学入門』（岸見一郎　ベスト新書）
『3歳からのアドラー式子育て術「パセージ」』（清野雅子、岡山恵実　小学館）
『現代に生きるアドラー心理学～分析的認知行動心理学を学ぶ』
（ハロルド・モサック、ミカエル・マニアッチ　一光社）
『子どもの心のコーチング』（菅原裕子　ＰＨＰ文庫）
『「心が強い人」の人生は思い通り神メンタル』（星渉　ＫＡＤＯＫＡＷＡ）

目次

1 この方法で難関校にスイスイ合格！

〈受かる子が続出！〉

2 ドンドン勉強する「声かけ」のコツ

〈子どもがグンと素直になる！〉

3

〈祝・受験校全勝！〉
「3つの接し方」で、成績がグンとUPする！

4 〈小6からはコレが決め手〉塾の"フル活用"で劇的に伸びて合格する!!

装丁……小口翔平＋岩永香穂
（tobufune）
カバーイラスト……りゃんよ
本文デザイン……草田みかん

1

〈受かる子が続出！〉

この方法で
難関校にスイスイ合格！

1 受験ママには2タイプある！

不合格ママ
✖「管理しなくちゃ」と考える

合格ママ
〇「管理はやめよう」と考える

難関校受験を考えるママたちの多くが、お子さんとの接し方で悩まれています。

「第一志望の学校に合格させてあげたい」という思いから、前のめりにお尻をたたいてきたものの、こんな悩みを多くのママが口にされます。

「子どもとの関係も悪くなるし、成績も伸び悩んでて……」

「イライラが止まらなくて……」

「どうしていいか、わからないんです……」と。


子どもの中学受験を支援するママは大きく分けると2タイプあります。


ひとつ目が「中学受験は親の受験」とばかりに、旗を振り、全てを管理し、アグレッシブに合格に子どもを引っ張り、アグレッシブにひた走る**「べったりやらせる系」**。

もう一つが、「中学受験は子どもの受験」という認識で、もちろん合格もしてほしいけど、自分の力で一つのことにチャレンジすることって大事よね、と子どもの成長プロセスを重視するポジティブに**「さらりと任せる系」**です。

圧倒的に多いのが前者のタイプです。

本書でお勧めしたいのは、後者の「さらりと任せるママ」です。

とはいえ、かつて私はバリバリの「べったりママ」であり、恥ずかしいほど筋金入りの超教育ママでした。「子どもを優秀に育てたい！」という野望が大きく、幼稚園受験、小学校受験を前のめりで経験させてきました。ものの見事に惨敗しましたが……。

私自身の苦い経験も踏まえて、断言できることがあります。それは、**べったり管理はいずれ行き詰まり、親子関係も悪化させる**ということです。

これについては、難関校に数多くの生徒を送り出しているベテランの先生方も同様の危機感をもっており、べったり管理にはやめどきがある、と指摘する方が多いのです。

では、合格する親子、不合格になる親子、決定的な違いとはなんでしょうか？

我が家の娘がお世話になっていたK塾の御三家を始めとする難関校受験の超ベテランI先生

に伺ったところ、不合格になる子の親はこんなタイプだそうです。

「親がどっぷり介入するケースです。

例えば、ママが志望校を勝手に決めて旗を振ってやらせるケースは不合格が多いですね」

一方、合格する子の親は、こんなタイプだそうです。

「〝どこでもいいんです。うちの子、きっとどこでもやっていけると思うので〟と、どっしり構えている親のお子さんほど、あっさり第一志望に合格する確率が高いですね」

子どもを信じて任せる——。やはり、これこそ、合格ママの共通点なのです。

2 受かる子のママはココが違う！

不合格ママ
✖ 自分で「勉強できない子」にする

合格ママ
〇 自分で「勉強できる子」にする

「べったり方式」と「任せる方式」、どちらの子が劇的に伸びて、合格しやすいのか？

答えは「任せる方式」です。その理由や親の接し方について、娘が通っていたK塾のベテランの先生方のお話を伺ってみると、いくつかの共通点が浮かび上がります。

では早速、先生方のお話を紹介していきます。

自分で「成績を上げる経験」が物を言う

「べったり二人羽織のママの子どもは、ママが『点取らせコーチ』になってやらせているケースがほとんどです。４年生、５年生でトップクラスにいたとしても、**ママの力でなんとかなっているという場合、自分の力でどうにかしなければならない『範囲のないテスト』『模試』などでは点がなかなか取れません。**

受験に近づくにつれて、成績が伸び悩み、クラスも落ちていくケースが多いのです。だから『自分でどうにかする経験』をいかに早い時期にしておくかが大事なんです」

（上位クラスを受け持つ、国語のエキスパート　M先生）

クラスが上位かどうかだけに目を奪われてしまうと、肝心のお子さんの実力を伸ばすということが置き去りにされがちに。「私が付いていれば、そこそこまではイケるんじゃない？」とママが考えて、ギチギチに管理された子は伸び悩んでしまうそうです。

小5から"べったり管理"をやめていく

「6年生の夏が分かれ目となります。理想は5年生の2学期くらいから、べったりはやめたいところです。親が始終、隣にくっついて、一緒に国語を解いたりすると、確かに成績は上がる。でも、**自分で勉強できない子は絶対に6年生の夏から成績が下がります。**対して、それまで勉強しないせいで成績が伸びなかった子たちが、どんどん伸びてきて、ギチギチに管理されている子を一気に追い抜いていきます」

（御三家を始めとする難関校受験の超ベテラン　I先生）

小6からは「秘書ママ」「助手ママ」に徹する

「小5の間に『自分で工夫して勉強したら、成績がこんなに上がった』という経験をさせる方向に舵を切りましょう。

小6の9月までは、親は黙って『子どもが自分の足で歩く冒険の旅』を見守ってもらいたいのです。親は、冒険する子どもの影の護衛役に徹してもらう感じです。

子どもに任せてみて、テストの点数やクラスの上下の結果を**子ども自身が「自分ごと」として捉えられるように、目は離さずに、手を放して体験させる**ということです。

結果を叱ったり、ネチネチ言ったり、茶々を入れたりせずに黙って見守っていきます。

そして、小6の9月以降は、役割を変えていきます（↓4章参照）。

男子ママの場合はテキパキ動く社長秘書のように、やるべきことを整理して、笑顔で社長にお願いするイメージで接する。

女子ママの場合は、頼まれたことだけをやる献身的な助手のイメージで接する。

どちらにせよ、秘書や助手の分をわきまえて、上から目線になったり、高圧的になったり、勉強の最中に話しかけて邪魔したりしないことです。

もちろん、男女問わず、一人でできる子もいますので、その場合には、任せるでいいと思います。こういう『秘書』『助手』の役割に徹することができるママの子どもがグングン伸びていきますし、結果的に、遠いと思っていた第一志望校合格に近づいていきます」

（首都圏中学受験のカリスマ　塾長G先生）

このように、どの先生方も**「自分でなんとかする子どもが受かっていく」**と口を揃えておっしゃいます。

徐々に「べったり管理」から、「任せる方式」に変える必要があるのです。

とはいえ、「わかっていてもできない」「どうやればいいのかわからない」そう感じる方も多いと思います。

私自身、かつて娘が、難関校受験を目指す子が通う大手塾に通っていたときは、「いかに子どもに勉強させるか？」が常に頭から離れませんでした。

そのつらさ、大変さを身にしみてわかっているからこそ、私は、多くのママに任せる方式のメリットをお伝えし、お子さんと一緒に合格を勝ち取っていただくための秘けつを知っていただきたいのです。

3 いつまでに、どうすれば合格できる？

不合格ママ

✕ 小6になっても勉強を見る

合格ママ

○ 小5ぐらいから勉強を見ない

NG
小6以降も
そうそう ここもう一回やってみて
集中してる？
ほらあと ちょっと
べったり

これから**「任せる方式のメリット」**について、もう少し詳しく見ていきます。

べったりママの特徴は、中学受験は親主導で行う「親の受験」と思っていること。塾任せにせず、宿題、勉強は子どもの横に張り付き指導します。家庭学習スケジュールは分刻みでママの負担が多く、「中学受験って大変！」と感じ、悩ましい日々を送りがちです。

一方、**任せるママは、「中学受験は子どもの受験」という認識をもっています。**このため、お子さんのコーチとして、メンタルを支え、力を引き出し、お子さんの力を信じて見守ります。お子さんと話し合いながら、塾選びから志望校選びに至るまで、基本的には子どもの決定に任せます。また、勉強面は塾の先生にお任せし、連携を取りながら進めていきます。

ここまで読んだ方の中には、

「わ、出た！　きれいごと！」

「一部の成績のいいお子さんだけにできることでしょ？」

「うちの子はお尻を叩かないと勉強しないから、べったりやらせるしかない！」

「成績ガタ落ちなのに、家でダラダラして勉強しないわが子に、ポジティブに接するなんて、できっこないでしょ？」

そんな声も聞こえてきそうですね。確かに、やり方を変えるのは勇気がいります。

実際、効果が出るまでに一定の時間がかかることも事実です。

でも、私自身の経験や、数多くのご家庭への合格コーチングの経験上、断言できることがあります。

それは、べったりママをやめることで、
「子どものやる気も成績も、グングン伸びる！」ということ――。

理想を言えば、小5の夏ぐらいまでに任せるママになり、お子さんが「自分で成績を上げる経験」をしているといいのですが、小6からでも遅くはありません。

実際、小6の秋にべったり管理をやめ、任せるママになることで、成績が落ち込んでいたお子さんが、V字回復して難関校に受かったというケースもあります。

そのほか、「全然、勉強しない」「口げんかばかりで受験勉強以前」「成績が低迷し、偏差値が10以上落ちてしまった」など、いろいろなケースがありますが、いずれも勉強習慣が身に付いて、成績がグングン伸びていく、という嬉しい報告がママたちから相次いでいます。

いつまでに、どうすれば合格しやすいのか、まとめると、

小3・小4 ➡ 子どもをリードしながら、勉強習慣を身に付けさせる

小5 ➡ 自分で勉強できる子になれるよう「任せる方式」に変えていく

小6 ➡ 男の子ママは「秘書ママ」に、女の子ママは「助手ママ」に徹する

このような流れになります。繰り返すようですが、小6からでも遅くはありません。大事な

のは、べったり管理に行き詰まったら、すぐにそのやり方をやめるということ。

この決断が、合否を分けます！

子どものことを一番に考えて毎日頑張っているのに、報われない、上手くいかない、イライラが止まらない……。

そんなお悩みを抱えているのであれば、**まずは、べったりママをやめてみませんか。**

つらい中学受験をやめ、お子さんと一緒に楽しく、タフに乗り切っていけるかどうか、それを決めるのはママなのです。

では、早速さらりと任せる秘けつをご紹介していきます。

コラム①

べったりママから さらりとママへ

「なんか余裕……」「なんであんなに穏やかなの？」

そんなママを見かけることがあるかと思います。その度に「きっとお子さんの成績がいいんだわ」などといろいろな想像をしては、落ち込んだりしていませんか？

でも、ご安心を。**大多数の方が、本心ではお子さんの成績のアップダウンにやきもきし、イライラクヨクヨしています。**それを何とか理性で抑えているのが実情です。

中学受験をされるお子さんのママたちに勇気づけコーチングをしてのべ人数で４００名以上のママたちとお会いしてきました。御三家や難関校、第一志望にお子さんが受かったどのママさんも、最初は、皆さん一様に「合格できるか心配です」と仰います。「子どものことですから」と割り切ってサラッとしている冷静な方に、私はまだお会いしたことがありません。**穏やかそうに見えるママたちの多くは、自分を整えるために「何か」に取り組んでいるのではないでしょうか。**本コラムでは私自身の体験の他、「子どもを追い詰めずに応援したい」と願う、ママたちをご紹介していきます。どのママも、べったり系から「任せる系」に変身し、見事お子さんと一緒に合格を勝ち取られました。ぜひ、参考にしてくださいね。

4 「声かけ」にはコツがある

不合格ママ

✖「NGワード」が多い

合格ママ

〇「NGワード」を使わない

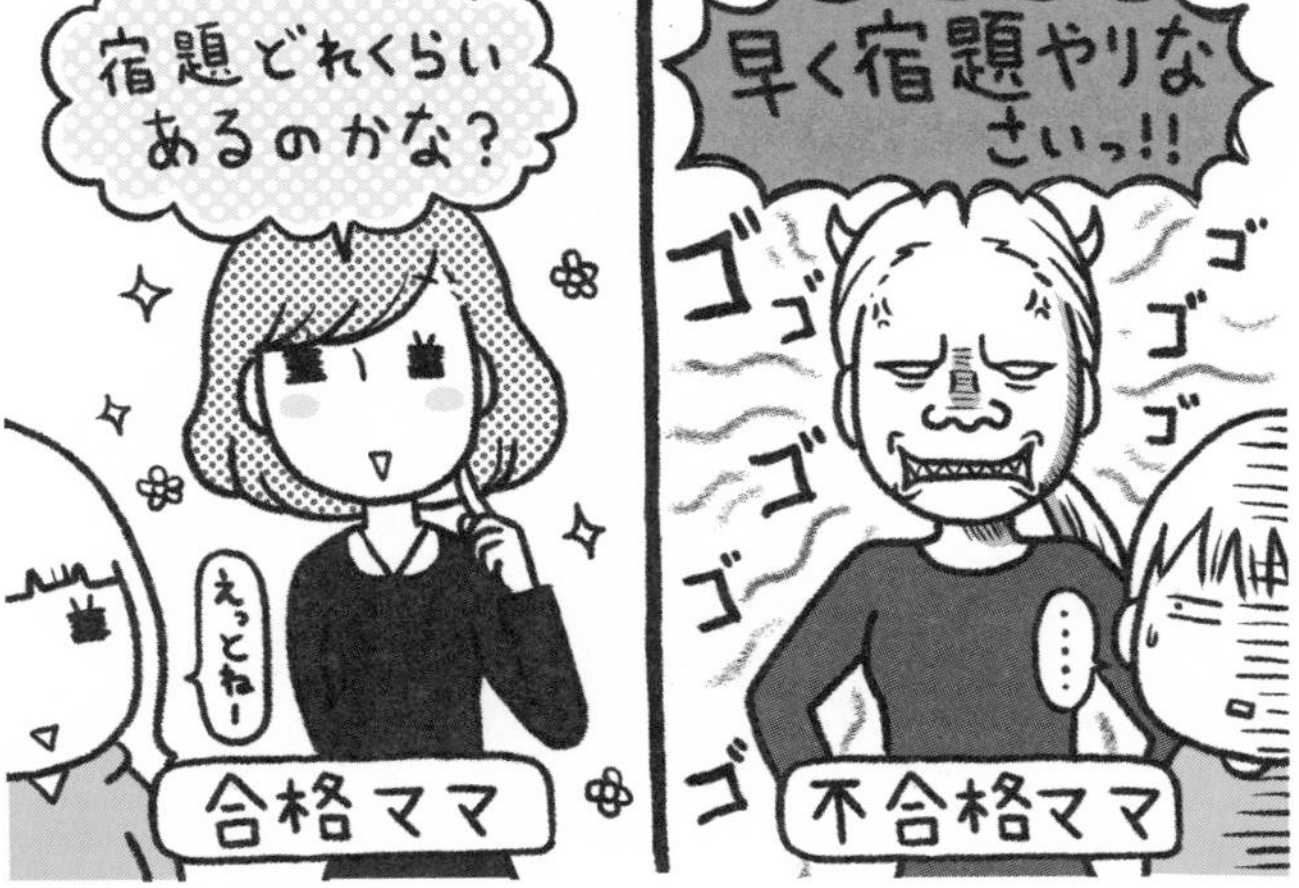

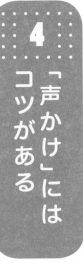

小2、小3ぐらいになると、周りの友だちが中学受験を考えて、塾に通い始めるのを見て、お子さんが「塾に行きたい！」と言うかもしれません。

でも、真面目に宿題をするのは最初だけで、あとは勉強すらしなくなる、なんてことはざらにあります。こんなとき、つい「勉強しなさい！」と叱りたくなるもの。

でも、これをし始めると子どもはますます勉強が嫌になっていきます。

後ほどお伝えしますが、**「早く！」「グズなんだから」「どうせ無理だよね」「できっこないよね」「ちゃんとしなさい！」などは、勇気をくじくNGワードです。**

塾に通い始めたばかりのお子さんはもちろん、長く塾に通っているお子さんであっても、勉強習慣が身に付いていないときは、上手な声かけで勉強するようにリードしていきましょう。

2章では、合格ママと不合格ママの声かけの違いを具体的にお伝えします。

アドラー心理学とコーチングの見地から、勉強しない子がガラリと変わる声かけのコツをご紹介していきます。

5 任せる方式に変えていく

不合格ママ ✕ 口グセが「勉強しなさい！」

合格ママ ○ 口グセが「よく頑張ったね！」

「頑張っているのに、成績が上がらない状況に耐えられない！」

「勉強から逃げている子どもの行動にイライラします」

「本当に合格できると思ってるの、と怒りさえ湧いてきます」


中学受験をするお子さんがいるママたちから、こんなお悩みをよく伺います。

お子さんの状況に危機感を持ち、勉強するよう厳しく言っても、子どもが全く言うことをきかない、そのせいで口ゲンカが始まってしまいます。


実は、**ギチギチに管理されてきたお子さんの多くが、小5ぐらいから成績が伸び悩む**とされています。この時期、さらにお尻を叩いてしまうと、さらなる泥沼にはまります。

こうした状況から抜け出すために、今すぐできることがあります。

それが、**「黙る」「信じる」「見守る」「口角を上げる」**この4つです。すなわち、任せる方式に切り替えるのです。

「えー、なんで？」

「ますます勉強しなくなるでしょ」

「本当に効果があるの？」


疑問や不満を感じるママさんが多いでしょう。

でも、「べったり管理はやめどきがある」のも事実です。

勉強しない、反抗的、成績が低迷している……。

いずれもこれまでのやり方では対応できない、というお子さんからのＳＯＳと見ていいでしょう。**「任せる方式」に変えない限り、お子さんは自分に自信がもてず、自ら学ぼうという意欲をもちにくいのです。**

ちょっと怖いかもしれませんが、お子さんの成り行きに任せて、その結果をお子さん自身に受け止めさせてあげてください。

たとえどんな結果が出ても見放さず、適切に声をかけ、勇気づけてあげましょう。こうして初めて、お子さんが中学受験を自分ごととして捉え、本気で勉強できる環境が整います。

バリバリ管理から、任せる方式に変えるのは、どのママにとっても難しいことであり、難所であるのは間違いありません。ついイライラして口を挟みたくなるのですが、ここが我慢のしどころです。ここさえ乗り切れば、合格がグッと近づきます！　詳細は2章でお伝えしていきます。

6 「ママは敵！」から「仲間」へ

不合格ママ ✕ 失敗しないように注意する

合格ママ ○ 失敗から学ばせる

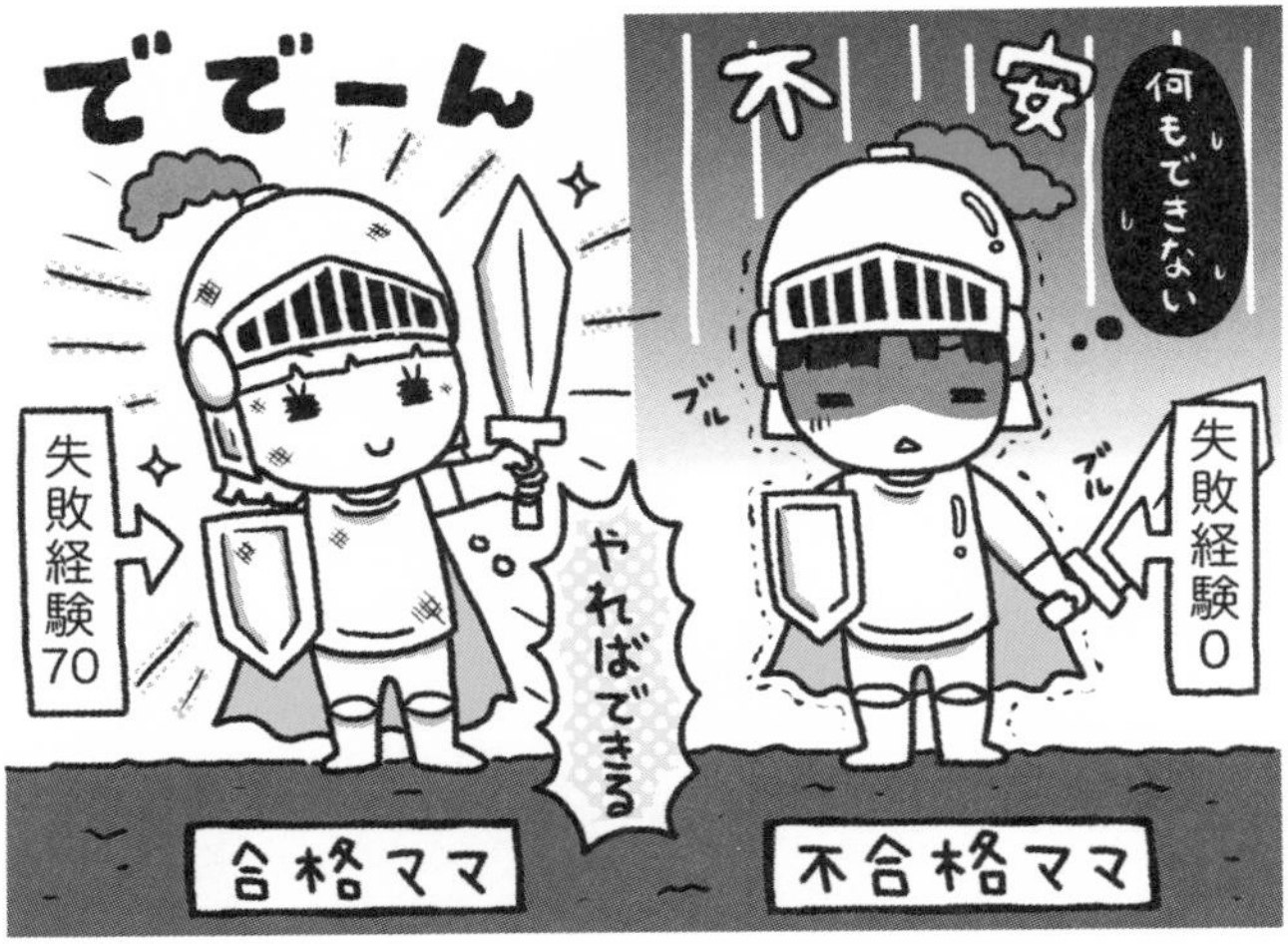

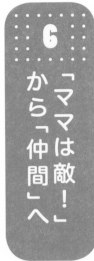

10歳前後の思春期の子どもは、口には出しませんが、

「自分を認めてほしい」「否定しないでほしい」「味方でいてほしい」こう強く望んでいます。頑張っている自分を応援してほしいんですね。

親にあれこれ口出しされると、自分を否定された気分になり、どんどん自信をなくしていきます。

次第に「うるさい！」と感じ、自分を認めない親を「敵だ！」とみなすようになります。

このような状況をアドラー心理学では、「勇気くじき」と呼びます。

では、どうしたら志望校の合格に向けて、お子さんが自分のチカラで進んでいけるのかといいますと、

「私（ぼく）はできるんだ。大丈夫なんだ。能力があるんだ」

「ママは味方で仲間だ」

このように2つセットで「お子さん自身が」思えるように接することです。

これを「勇気づけ」といいます。

逆に、してはいけないことは、

「私（ぼく）はできないんだ。大丈夫じゃないんだ。能力がないんだ」

「ママは敵だ。私（ぼく）の味方じゃない、仲間じゃない」

とふたつセットで「お子さん自身が」思ってしまうように接することです。これを「勇気くじき」といいます。**勇気をくじかれているお子さんは、当然ですが、やる気も出ません。**

そう説明をした後に、「お子さん、勇気をくじかれていませんか？」と質問をします。すると、9割方のママがおっしゃいます。「くじかれてると思います」と。そして、

「子どもは〝できる〟〝能力がある〟と思っていないと思うんです。私がいつもピリピリしていて、あれこれやったの、と上から目線で聞いているからです」

「多分、私は口うるさい敵ですね……」

そんな答えが返ってきます。そして、
「うちの子どもは勇気をくじかれてるから、できなかっただけなんですね」
と納得されるんです。本書では、アドラー心理学やコーチングの見地に立って、子どもに自信をもたせ、やる気が出る関わり方を紹介していきます。

なお、**勇気づけるときに大切なことは、「お子さんと自分（親）が対等だ」と思うことです。**

娘のやることにあれこれ口出ししていた私でさえ、こう思うようになってから、口を閉じる習慣が身に付きました。

小言を言いたくなったら自問します。「こんなこと、友だちや同僚に言うかな？」と。

するとたいていが「言わない」を選ぶようになります。

小言が劇的に減ったからでしょう。

「ママ、あまり怒らなくなったよね！」

と、娘に嬉しそうに言われたことを覚えています。思春期真っ只中の子どもと、良い関係を築くコツの一つとして、ぜひお試しください。

7 信頼できる塾を選び、任せる

不合格ママ

✕ 塾に任せず、孤独に頑張る

合格ママ

○ 塾に任せて、相談にのってもらう

私は小1から娘の勉強に口出しするのはやめました。娘の幼稚園時代に、お受験をさせて挫折した黒歴史があるからです。その体験を踏まえ、

「小学校に入学したら勉強は一切見ない！」

「学校の勉強も塾の宿題も、本人の問題。私は見守るだけ――」

こう自分に言い聞かせていたのです。

その意味でも、**「塾選び」は非常に大切でした。**

実際、娘に合う塾を選ぶため、何度か転塾しています。

塾によって教育、指導方針は大きく違っています。

「親が管理してください。勉強も見て、お尻を叩いてやらせてください」という塾。

「勉強を教えないでください。塾に任せてください」という塾。

どちらのタイプなら、

- **お子さん自身が頑張れるか？**
- **親自身も疲弊しないか？**

これを見極めてから、入塾することを強くお勧めします。

合格実績だけに囚われると、あとで「大変！」「続かない！」という事態を招きかねません。通塾をした後でも、「うちの子に合っていないかも？」と気づいたら、子どもの話をよく聴いたうえで、転塾をするのも一策です。

さて、わが家の場合は小1のスタート時は、大手のS塾に通っていました。

幼稚園、小学校お受験で失敗した教育ママの選択としては、「難関校への合格実績で断トツのS塾以外にあり得ない」と考えていました。

入塾した教室は、新設だったこともあり、たったの2クラス、成績は上位クラスに辛うじて引っかかっている感じです。メダルや、賞状をもらったことは1度もない「中のちょっとだけ上」です。正直、もっと上を目指してもらいたいという思いはありましたが……。

「国語の先生は面白い！　算数の先生はつまらない」

などと言いながらも、塾が好きだった娘。自分から宿題に取り組み意欲的で、大きな問題はないようだったので「6年生までこの塾でいいかな？」と感じていました。

ですが、娘はかなりの人見知り。事前のお知らせもなく、担当の先生が呆気なく替わってしまう度に「行きたくない」と泣くのです。

先生が替わる度に、やる気がリセットされてしまう――。せっかく波に乗っても、またこれか……先が思いやられました。

そこで、**「先生が替わらない塾」への転塾を考え、近所で評判の小規模塾の体験授業に親子で参加することにしたのです**。「わかりやすく、覚えやすい」体験授業を楽しんだ娘は、その日のうちに転塾を即決！

「成績さえ維持できれば、1年間、担当の先生が替わらない」というシステムが娘にとっては頑張れる決定打となりました。また、全教科の授業が楽しかったため、成績にもムラがなくなったのです。

塾長からの「親は勉強を教えないで、こちらに任せてください」というアドバイスのおかげで、わからないことは全て、娘自身で塾の先生に質問して学んでいきます。そのため、私は一度も勉強を見たことはありません。

子どもに合わない塾であれば、転塾も選択肢の一つです。

現に、塾学年小6になって、

「先生が怖い」「なんか疲れちゃって」

といった**お子さんの心の叫びを聞き、転塾を決意され、それが功を奏して男子御三家に合格された受講生のお子さんもいらっしゃいます。**

子どもに合った塾選びが合否を分けるカギになります。ぜひ妥協せずに塾を選んでください。

コラム②

子どもの寝顔を見て涙ぐむ

かつて、私もそうでしたが、勉強する時間になっても、娘が目の前でダラダラ漫画を読んだり、テレビを見たり、携帯をいじったりしているとイライラしていました。「8時からやるって言ったよね？」「こんな姿勢で合格できるの？」「先週もこうだったよね？」「いい加減始めたら？」などなど、グチグチ言ってしまい、だんだん止まらなくなります。**さんざん叱りつけ、子どもが寝た後、寝顔を見ながらひどく後悔するのです。**

寝顔を見ると、赤ちゃんのときの寝顔と重なります。両手を上にバンザイするようなポーズですやすや寝ていた赤ちゃん時代……。あの頃は、こんなにガミガミママではなくて、もっとニコニコしていて、子どもを天才だって信じていた自分のことを思い出すのです。

「寝顔に『ごめんね～』と呟くんです」
「子どもが寝ている時間だけはいいママになれるんです」
というママたちの自己嫌悪のお声をよく伺います。

理想と現実、期待と落胆に揺れ動きながら、**でも、「いいママでいたい！」と思う気持ちだけは、実は持ち続けて頑張っている私たちママ。**本当はとても子ども想いで優しくて、愛情あふれるママなんですよね。

8 小6ママは「秘書か助手」

不合格ママ

✕ 子どもに指示する

合格ママ

○ 子どもに指示してもらう

合格ママ
そうだ過去問やろう
ママ〜過去問のコピーお願いしていい〜?
了解です!
ピュッ

小6の9月までは子どもに勉強を任せて、塾と連携しながらジッと見守り、9月以降はママの役割を変えていきます。これは、長年、難関校に受かるご家庭を見続けているK塾の塾長G先生からのアドバイスです。

男の子ママと、女の子ママでは、役割を変えるとうまくいくようです（192ページ参照）。

例えば、**男子ママの場合はテキパキ動く社長秘書**のように、やるべきことを整理して、笑顔で社長にお願いするイメージで接します。「次は、この教科をお願いします」というように。

一方、**女子ママの場合は、頼まれたことだけをやる献身的な助手のイメージ**で接します。過去問のコピーや宿題の整理など、子どもがママに頼んでくるタスクのみに手をつけます。いずれも分をわきまえて、高圧的になったり、勉強の最中に話しかけたりして、邪魔しないことが大切！

ちなみに私の場合は、娘に対して助手のイメージで接しました。頼まれたときしか手伝えないのは結構ストレスが溜まります。でも、ここは我慢のしどころ。ベテランの先生方によると、**「心配になってもあれこれ口を出さず、子どもを信じて見守ってください。これにより第一志望校の合格がグッと近づきます」**とのことですので、お忘れなく！

2

〈子どもがグンと素直になる！〉

ドンドン勉強する「声かけ」のコツ

1 接し方にはコツがある！

勇気をくじく言葉を使わない

親がどっぷり介入し、あれこれ口出しする家庭の子は不合格になりやすい――。

難関校に合格させているベテラン先生の言葉はやはり、重みがあります。

とはいえ、勉強習慣が身につかない、ゲームばかりする、勉強を始めたと思ってもすぐやめてしまう、時間管理がまったくできない……。

見かねて子どもを注意しても、「あー、やるやる、後でやるから」と言って、ゼンゼン勉強しない。

こんな状態が続いていたら、厳しく接してしまうのは仕方ありませんよね。

さて、こんなときは視点を変えてみましょう。

アドラー心理学では、**人が能力を発揮できないときは、その人に能力がないわけでも、できないわけでもなく、ただ「勇気がくじかれている状態」にあると考えます。**

これをお子さんの状態に当てはめて、私・たなか流に表現すると、

「私（ぼく）はできない、大丈夫じゃない、能力がない」

「ママは味方（仲間）ではない、敵だ」

お子さんが、このように感じてしまい、自信もやる気も失っていると考えられます。

こう説明した後で、

「うちの子、やる気がないんです」

とおっしゃるママに、

「お子さん、勇気をくじかれてるなんてこと、ありますか？」

とお聞きすると、10人中10人の方がこう答えます。

「あ、くじかれていると思います……。私を敵だと思っていると思います」と。


では、どうしたらいいのか？

まずは、この悪循環にストップをかけます。


手っ取り早い解決法は、「勇気をくじくNGワード」を使わないこと。

たとえば、「早く!!」「もうグズなんだから」「どうせ無理だよね」「できっこないよね」「ちゃんとしなさい！」などなどがこれに当たります。

知らぬ間に使っている「くじきワード」は封印しましょう。

そして、お子さんが「私はできる、大丈夫、能力がある」「ママは味方で仲間だ」と感じられるような声かけをしていきましょう。

「仲間になる」という言葉がピンとこない方は「協力し合える関係になる」と捉えてみてくださいね。**お子さんが自分に自信を持ち、「ママと協力し合えてる！」と思えるように「勇気づけ」ていきましょう。**

では、どんな言い方、接し方をすると勇気づけになるのか？

本章では、勇気づけるコツを具体的に紹介していきます。いずれも難関校に受かった子のママたちが実践してきた方法です。日々、これらを意識して接し方を変えていくことで、勇気づけ貯金がどんどんたまり、お子さんが元気になり、やる気もびっくりするほど上がるため、自分で進んで勉強できる子になりますよ。

2 塾の行き帰り

① 塾に送り出すとき

✕ **「忘れものない？　ちゃんと質問して帰ってくるのよ！」**

○ **「楽しんできてね！」**

ポイント

家を出るとき、子どもにあれこれ確認したり、注意したりしていませんか。塾で頑張ってきて欲しいから、という親心によるものですが、**子どもからすると、「本当に大丈夫なの？　ひとりでできる能力はあるの？」と疑われている気がするかもしれませんね。**

いろいろ尋ねたい気持ちはグッと抑えて、元気に背中を押してあげましょう。大好きなママから明るく声をかけられたら、思わず「♪」な気持ちになって頑張ってくれること間違いなしです。

実際に、わが家では小学生の時から毎朝、私はこの言葉とハイタッチで学校に送り出しています。笑顔で出かけてくれて、学校でも、塾でも頑張ってきてくれますよ。

②迎えに行った帰り道

✖「授業、どうだったの？　小テストはどうだった？」

◯「今日はどんな楽しいことがあった？」

ポイント

テスト結果や勉強内容を重視した聞き取りは、事情聴取のようになってしまいがち。

でも、**ムリに尋ねても子どもの口は思いのほか重く、たいした話は聞けません。**

まずは、**楽しいことを中心に明るく尋ねてみましょう。**楽しかったこと、嬉しかったことなどを聞いているうちに、つらかったこと、イヤだったこと、悲しかったことやテスト結果等についても、ムリに聞き出さなくても、お子さんのほうから「あのね……」と話してくれるようになります。

3 勉強態度が気になったら

①ダラダラしているときに

✖「もう！　ダラダラしないで！」

〇「充電してるのかな？」

ポイント

家でダラダラする子どもを見ていると、「これで大丈夫なの？」と怒りが出てきてイライラします。テレビを見たり、ゲームをしたり、大笑いしながらYou Tubeを延々と観続けているなんてこともあるかもしれません。

そんな姿を見ていると、「もう！　ダラダラしないで！　早く勉強して！」とつい言いたくなってしまいます。

さて、**アドラー心理学には「人間の行動には目的がある」という考え方があります。**

仮に、**お子さんは「どんな目的」でダラダラしているのか？**

こんな見方をしてみると、何が見えてきそうでしょうか。

例えば、宿題に取り掛かるために「充電する目的」でダラダラしているのかもしれません。

以前私は、iPadでYou Tubeを見ながら「どうして〜?」と歌う娘にイライラしていたことがあったのですが、後から「『本能寺の変』踊る授業シリーズ」を観ていたことがわかって、驚いたことがあります。

「なんのために?」と想像して、

「もしかして××のために充電してるのかな?」

そう聞いてみてください。ママに理解してもらえていると感じることができれば

「うん！　でもあと15分で勉強するんだ〜」

なんていう嬉しい前向きな言葉が出てくることもありますよ。

②宿題をやらないとき（1）

✕「ちゃんと宿題してって言ったじゃない！」

○「今日、どのくらい宿題あるんだっけ？」

ポイント

いきなり指示命令の言葉を投げると、お子さんからどんな言葉が返ってきそうでしょうか？

「うるさいな。今、やろうと思ったんだよ！」こんなキレ気味なセリフが返ってくるかも。

一方の対応では、追い詰めずに「どのくらい宿題あるのかな？」と聞いています。

「今日、宿題あるの？」でも悪くはありませんが、言い方によってはキツく聞こえそうです。

たとえ、どのくらい宿題があるのか全く知らない場合でも、「どのくらい宿題あるんだっけ？」

という言い回しを使うことによって、さらに柔らかく質問することができます。

5W1H（What/Why/Where/When/Who/How）を使った「開いた質問」から会話を始めると、お子さんが自由に話したいことを話せます。なお、Whyは「なんで？」と詰問になりがちなので、外しておきましょう。尋ね方の一例を挙げておきます。

「なにを？」（今日は、なにをする予定だったかな？）

「どうしたら」（どうしたらうまくいきそう？）

「どんなやり方で」（どんなやり方がいいと思う？）

「どんなふうに」（どんなふうにしたら、いい感じだと思う？）

あるいは、

「どのくらい」（どのくらい進めようと思ってる？）

「どんな感じで」（どんな感じがちょうどいいかな？）

「なにがあったら」（なにがあったら、次はうまくいきそう？）

この聞き方もお勧めです。こんなふうに尋ねれば、お子さんの考える力も鍛えられるので一石二鳥です。

③宿題をやらないとき（2）

✖「早く宿題やっちゃったら!?」

〇「宿題について、何か困ってることがあるのかな?」

ポイント

やっと机に向かったと思ったら、消しゴムをいじったり、トイレに行ったり、水を飲みに行ったり……。「落ちつかないなぁ、早く宿題やっちゃったら!?」と言いたくなります。

先述しましたが、アドラー心理学では「人間の行動には目的がある」と考えますから、なにか理由がありそうです。

・たとえ怒られたとしても、ママからの言葉がほしい

・「なにかあったの？」と声をかけてほしい
・実は勉強でつまずいていて、わからない問題に向き合うのが怖い

いろいろな理由が考えられます。本来ママは、子どもを操作するのではなく、自分から進んで勉強に向かえるように援助したいんですね。

そのためには、「早く宿題やっちゃったら!?」「宿題やりなさい！」などの卓球スマッシュ的な鋭い指示命令よりも、

「なかなか始められないみたいだね。宿題、なにか困ってることがあるのかな？」

と、紙風船をふわっと投げるように質問して、本心を尋ねてみたいところです。

「うん、実はね……」と、お子さんが自らの思いを話してくれるようになります。

指示命令するより、**共感するほうが**、お子さんが早く気持ちを切り替えることができ、結果的に**「時短サポート」になるのです。**

ガミガミ叱るより、共感するほうが短時間で効果が上がります。

④ゲームやテレビをやめないとき

✕「そんなことしてていいの？
もう何時間やってるの!?　今日やること全部終わったの？」

○「何時になったら声かけて、とかある？」

ポイント

テレビを見るのも、ゲームをやるのも、それを何時間やるのも、アドラー心理学的にいうと**「子どもの課題」**（146ページ参照）です。

その領域に入ることは本当はＮＧ。私たち親にできることは「子どもの課題に介入しないように協力すること」だけです。

これについては、３章でわかりやすく説明しています。大事なところなのでぜひご確認ください。

子どもの課題に踏み込んだら最後、勇気をくじいてしまいますので、

「何時になったら声かけてとかある？」

「ママに手伝ってほしいことある？」


こんなふうに協力を申し出ます。

「じゃ、あと15分したら声かけてくれる？」

などと頼まれたことだけに応えます。

このとき気をつけたいのは、声色に黒いオーラやイライラを漂わせていると、それだけで勇気をくじいてやる気を奪ってしまうということ。くれぐれも気をつけてくださいね。

⑤勉強スケジュールを決めないとき

✖「今週のスケジュール、そろそろ決めておきなさいよ！」

〇「今週、どんな感じでスケジュールを進めようと思ってるのかな？相談してもらえると嬉しいな」

ポイント

アドラー心理学の見地に立つと、中学受験はもちろん勉強も**「子どもの課題」（144〜150ページ参照）**、すなわち、お子さん自身で取り組むことだと捉えます。

親があれこれ口を出して介入すると、勇気をくじく原因になるので避けたいことです。

とはいえ、塾からもスケジュールを管理するように言われている親御さんもいらっしゃると思います。

そんなときには、あくまでも「あなたの課題に協力するね」というスタンスで、私を主語とする「アイメッセージ」を使うことをお勧めします。


「相談してもらえると、ママは嬉しいな」

「相談してもらうこと、できるかな?」

「考えてもらえると、ママは助かるな」

「考えてもらうこと、できるかな?」


こんなふうに気持ちを伝えてみましょう。

基本的に、子どもは私たち親に「協力したい」と思ってくれています。

私たち親からすれば「そんなことより勉強して!」と思いがちですが、子どもはなにかと手を貸してくれたり、気にかけてくれたりします。

そんな優しい気持ちを汲み取り、**お願いするというスタンスで声をかけましょう。**

コラム③

塾のヒエラルキーが学校でも

受講生Tさんに、大手塾Yの辛さをお聞きしました。

「大手塾の辛さは、我が家にとっては順位争いだったところです。**子どもたちも毎回の試験結果に一喜一憂し、足の引っ張りあいになり辛かったです。**塾でのヒエラルキーが学校にも影響を及ぼします。『お前、○クラスのくせに』と上位クラスの子どもが言い放ったり。成績イコール人間性、と勘違いしてしまうのでしょう」

「クラスが落ちれば先生も変わり、上位クラスのほうが先生も良い先生に当たりやすいのです。いざクラスが落ちるかもとなると、親も焦り子供に強制的にやらせてしまいました。親からのプレッシャーに娘は苦しみ、さらに塾に行けば友だちに嫌がらせをされ、**本当に逃げ場がなく可哀想なことをしたなと今になって思います**」と、当時を振り返っていらっしゃいました。

小6の夏、私の講座にお越しになり、「親子は仲間」という思いで受験を再スタート。**お子さんを尊重した中学受験に切り替え、駆け抜けられました。**辛い親子関係だった時期もありましたが、今では、お子さん自身が進学を決めた中学に無事入学され、毎日、学校のことをたくさん話すくらいTさんを信頼していらっしゃいます。

4 テストの前後

成績が落ちてるときこそ、ねぎらってあげましょう
よしよし
ネギ
中学受験大変なのによくがんばってるよね
ほんとにすごいよ
ブワ
もっといい成績取りたいのに〜
え〜ん
うんうん
どうしたらいいんだろう

①試験に送り出すとき

✖「しっかりね！　緊張しないで、自信を持つのよ！」

○「いつも通り、普段通りだよ。楽しんできてね！」

ポイント

緊張してしまう模試や入試本番。お子さんの両肩に手を置いて、監督のように気合いを入れている親御さんの姿をお見かけすることもありますが、プレッシャーになって緊張させてしまわないか心配です……。

娘が通っていた塾の塾長直伝の言葉が、**「いつも通り、普段通り、特別なことはしない」**この合格の極意を拝借した言葉です。

今まで頑張ってきた成果はリラックスしていればこそ出すことができます。中学受験はメンタル5割、入試は楽しんだもの勝ちです！

「ママが『楽しんできてね！』って言ってくれたから、緊張したときに立て直せたよ！」

そんな嬉しい声も聞けるかもしれません。

②成績表が返ってきたとき

✖

「なにこれ！　前回より偏差値が落ちてるじゃない。あーあ……、ホントに受かるの？」

「見せてくれてありがとう！　どう思った？」

どんな結果であっても、お子さんなりに感じていることがあるはずです。それを私たち親が評価してしまったり、必要とされていないのにアドバイスをしてしまったり。それでは、勇気をくじくことになることが多いのです。

ポイント

まずは、見せてくれたことに対する感謝を伝え、次に「あなたはどう思った？」と感想や考えを聴いてみましょう。

質問されることでお子さん自身も考えや気持ちが整理でき、同時に思考力も培うことができます。「本当は算数、もっと点数が取れてると思ってたんだよね」なんていうお子さんの分析力も磨けるいい機会となります。

5 成績不振のとき

また成績下がってるじゃない！勉強してるの!?
うるさいママ
48
追いつめると逆効果
お子さんの考えを聞いてみましょう
実は成績、気になってたりするの？
どうなのかなァ？
……
48
ほんとはもうちょっと取れると思った
そうなんだね
シュン…

①最低点を取ったとき

✕「よくこんな点数を取れるよね！」

○「ここまで落ちたら、後は上がるしかないね！」

ポイント

「成績に一喜一憂しないでください」

塾の先生から必ず言われる言葉です。

ですが、子どもの成績が伸びないと、まるで子育ての成績表を突き付けられているようで悲しくなり、イライラすることはありませんか？

実は、怒りは二次感情、この場合の一次感情は「悲しみ」や「落胆」といえます。

それらの気持ちに一旦フォーカスすると、「私は悲しかったんだ」と気づけて怒りの感情を少し落ち着けることができます。

そして、**実は成績が下がったときこそチャンス到来なのです。**

- **その日のお子さんのメンタルの状態はどうだったか？**
- **何の教科が難しかったと思っていたのか？**
- **どこができて、どこができなかったか？**
- **次回に向けての課題はなにか？**

お子さんの考えやコンディションを聞くいい機会です。

成績が悪いときこそ、普段はあまり気にしないお子さんでも、「このままじゃ、マズい！」と、真剣に捉えることができるはずです。

親の対応としては**「ピンチはチャンス！」のスタンスで勇気づけていきます。**

私は**「さすが！　ママの子だね～！　やるときはやる！　潔い！」**なんて伝えて娘にハイタッチまでしていました。

我が家の場合は、気持ちが救われることで、「次のテストはどんな目標にしようかなー」と前向きになれたようです。

すかさず未来に目を向け**「さ！　次に向けてどう考えていこっか？」**とあくまで明るく次に向けての作戦会議へと会話を向けていきましょう。

②平気なフリをしているとき

✕「点数が悪いのに、なんとも思わないの？ 反省しなさいよ！」

○「もしかして実は気になってたりするのかな？」

ポイント

子どもを「詰問」して精神的に追い込むと、思考停止に陥ってしまうことも。後者のように、子どもの目や耳となり、子どもの心で考え、子どもの状態をしっかり観察して、その様子をさりげなく伝えることで「ママはわかってくれているんだ」と子どもは心からホッとすることができます。

「うん、気になってたけど言えなかった」

そんな本音が聞けたら、もっと気持ちを理解し合うことができそうです。

やる気を引き出すには、まずは「ママがいてくれてよかった！」という安心感、安全感が大事です。**ママが安心、安全基地、居場所である子どもは絶対に伸びます。**これは絶対です！

③成績不振が続くとき

✕「もう中学受験やめたら？」

○「中学受験いろいろ大変なのに、よく続いてるよね！」

ポイント

「もう塾（中学受験）をやめなさい！」

そう言い放ったことはないでしょうか？

私は、あります。娘が小４のときに言ってしまいました。

「やだ！　絶対にやめない！」という子どもの言葉を聞きたくて言ったのですが、こんな脅しを使っても、やる気には繋がりません。

脅しは罰でしかなく、罰せられるから頑張るという動機では、何事も長続きしません。

私たちだって「ご飯が美味しくないから食べない！」と毎日捨てられ続けたらどうでしょう。それでもモチベーション高く「明日は頑張るね！」なんて、次のメニューを考えられるでしょうか。私にはムリです。やはり、勉強も自分の中から湧き上がる熱意がないと続かないですし、結果も出しづらいのです。

成績が振るわないときこそ、こんなふうにねぎらってあげましょう。

「中学受験いろいろ大変なのに、よく続いてるよね！」

こんなふうに言われたら、あるお子さんは「そうでしょ！」と得意げになって勉強を始めたそうです。

また、あるお子さんは、抱えていた思いの丈をママに語るようになったそうです。

今の中学受験の試験問題は、親から見ても相当難しいもの。その勉強を頑張れている、続けることができているのは当たり前ではないことに注目して声をかけていくと、お子さんのモチベーションを少しずつでも上げることができます。

④ハッパをかけたいとき

✕「そんなんじゃ合格できないわよ！」

○「合格するために何ができそうかな？」

ポイント

「やる気を出してほしい」という思いから、つい厳しく言ってしまう……。よくあることですが、前者の言い方では必ず反発を招きます。

怒りたくなる気持ちをグッと抑えて、「志望校に合格するために何ができるのか？」をお子さんと一緒に考えて、合格したいという意欲を育てることが大切です。

ある受講生のママは、お子さんと話し合って、トイレやお風呂に志望校の学校名をつけたそうです。

「麻布（寝室）に行くね」

「開成（お風呂）に入ってくるね」というように。

お子さんも楽しんでいたそうですし、勉強へのモチベーションも上がったのだとか。

「合格できないわよ！」という脅迫言葉で「なにくそ！」とやる気が出ると思っている方も多いかもしれませんが、実際には効果は薄いのです。

それよりも、子どもに合った学校を見つけるために、学校の実情がわかる本を読んだり、話を聞きに行ったりして集めた「リアルな情報」を一覧表にしてお子さんと話し合ってみてもいいですよね。

そして、**合格に本当に必要なこと、親にしかできないことだけに注力**して、我が子が合格できる環境をこの手で創り上げていきましょう。

6 塾がイヤになったとき

①「塾に行きたくない」と言ったとき

✕「どうして！　なにかあったの!?　ああ、宿題やってないんでしょ！」

○「塾に行きたくないんだ……」

ポイント

「塾に行きたくないんだ……」

そっと、紙風船を投げるように、理解したいと思いながら繰り返してみましょう。この「繰り返す」は、コーチングの技術の一つで、バックトラッキング、リフレインなどといいます。

その後は、じっと次の言葉を40秒くらいは待ってみましょう。お子さん自身が放った言葉が自分に返ってくることできっと自問自答をしているはずです。

紙風船を優しく投げる感じで言ってみます。卓球の球を打ち返すようにピシッと返さないように気をつけて。「うん、だってね……」そうやって自分から理由を語り始めてくれたら嬉しいですね。

②「塾をやめたい」と言ったとき

✖

「え！　やめたい!?
今までで一体いくらかかってると思ってんの！」

〇

「塾、やめたい……。そっか、『やめたい』って思ってるんだね」

ポイント

子どもの言葉を繰り返して、「あなたの気持ちを理解しているよ」という気持ちを伝えてみます。

「ママにわかってほしいと思って、つい言ってみたんだ……」という場合など、本心が実は別のところにあるということもあります。

また、「なんか自信なくなっちゃって」など、ちょっと弱気な自分を受け止めてほしかっただけ、ということもあります。

くれぐれも「嘘だったんでしょ?」などと責めて、勇気をくじかないようにしてくださいね。

3

〈祝・受験校全勝！〉

「３つの接し方」で、成績がグンとＵＰする！

1 「任せる受験」で受験校全勝！

もうママやだ！勉強のことばっか
ヤダ
しかも言う通りしても成績上がらないもん！
せ…先生 親子関係がボロボロで
大変っ！
ボロ…
受験どころじゃ…
大丈夫です！「勇気づけステップ」を始めましょう
・子供を仲間だと考える
・子供を信頼して共感する
・子供の課題に介入しない
無事第一志望に入学し関係も改善♡
1年3ヶ月後…
お母さんいってきまーす
いってらっしゃ〜い

この勇気づけでうまくいく

中学受験をしていくなかで、親子関係がギスギスしていくことはよくあります。

本章では、**親子ゲンカを繰り返し、成績不振から抜け出せなかったお子さんが、結果的に受験校に全勝する、という快挙を成し遂げた事例をお伝えします。**

Kさんは、フルタイムのワーキングマザー。私の元にお見えになったのは、お嬢さんが小5の秋のことでした。

「中学受験で親にできること＝子どもの管理」だと思い、塾に頼ることなく全ての課題やカリキュラムに目を配り、その日にやるべきことを指示するなど、徹底的に管理する日々を送っていたそうです。

でも、成績はなかなか上がらず、クラス落ちにビクビクする毎日で、偏差値にも一喜一憂していました。

思い通りにいかないと、子どもを脅したり、下に見たり、怒ったり……。

その結果、お子さんから、「ママはお勉強の話ばかり！」「ママの言う通りに勉強しても成績は上がらないよ！」と耳をふさがれ、無視をされ、誤魔化され、必要なこと以外話してくれないという状態に……。お世辞にも良い関係とはいえません。

「このままでは親子関係が危ない、中学受験どころではない」と思われ、私の元にお見えになりました。

「親として自立して、見守れる中学受験にしたい。塾学年が6年生になるまでに達成したい。この機会に変わりたいんです！」

Kさんが掲げるこうした目標に向け、アドラー心理学をベースとした勇気づけステップにチャレンジしていただくことをご提案しました。

個人コーチングは2～3週間刻みで5回（約3ヶ月）、計70日に渡りました。

アドラー心理学をベースにたなか流にアレンジした**「勇気づけステップ」は次の3つです。**

①子どもを仲間だと考える
②子どもを信頼し、共感する
③子どもの課題に介入しない

このステップを経て、Kさんは、見事お嬢さんとの関係を完全修復し、お嬢さんは、第一志望校を含む全校全勝の快挙を成し遂げました！

第一志望校に進学後は、無遅刻無欠席を貫きながら、キラキラした毎日を送っています。

では、どのようにして、Kさんがべったりママからさらりと任せるママに変身していったのかご一緒に見ていきましょう。

2 初回コーチング

あぁ～またダラダラしてる～
グヌヌ…
だら～
ポイント
黙ってスルーしましょう
子どもも私も大丈夫！
能力がある！
信じる
いつまでダラダラしてるのー
勉強しろー
よくあること
変わろうとすることで爆発しちゃう可能性も
新しいチャレンジにはリバウンドはつきもの！もうひと踏ん張りでお子さんが変わってきます。信じてやってみてください
もうひとふんばり

目をつむり、見守る！

最初のコーチングでは、**①のステップ「子どもを仲間だと考える」（107ページ）**の考え方について説明し、実践していただくようお伝えしました。

すなわち、「親子は対等な横の関係」だと捉えることが出発点です。

「親子は仲間で、対等の関係って、衝撃です！　私たちは今、お互いを『仲間』だなんてゼンゼン感じていないはずですし……。でも、そう思えるようになったら、きっと何事もうまくいきますね！」と言うKさん。

普段、子どもを「仲間」だなんて、思う場面はないですよね。

つい、上下関係を持ち込んで、頭ごなしに指示したり、命令したりしてしまいます。

だからこそ、**「仲間」だと意識して振る舞うと、お子さんは「信じてもらえている」「ママは味方なんだ」と思えるようになるのです。**安心感を持てることで、これまでとは違った態度を見せるようになります。

とはいえ、「勉強もしないで、ダラダラしている子どものことをどうやって信じて、仲間だと思えばいいのですか？」という声もたくさんいただきます。確かに難しいですよね……。

効果が疑わしいかもしれませんが、**まずは行動して、その効果を実感してください！**

子どものことを心から信じられなくても、次の**「4つの行動」**を行い、仲間だと認めていることを態度で示します。

①黙る
　⬇お口にチャック

②賞罰をやめる
　⬇物で釣ったり、ダメ出ししない

③イラっとしてもスルーする
　⬇華麗に受け流す

④意見を押しつけない
　⬇「May I help you?（お手伝いすることある？）」を意識する

要は目をつむり、見守るわけです。どうしても、イライラしたときは、**「子どもも私もできる！　大丈夫！　能力がある！」と念じてください。**実際、どのママも疑心暗鬼になりながらも、これをブツブツ唱えて乗り切っています。

このステップで目指すのは、**お子さんに「ママは味方で仲間だ」と感じてもらうこと**。大事なのは、お子さんがどう感じるかなのです。

これを聞いたKさんは言いました。

「うわー、難しそう……。できるかどうか不安ですが、筋トレと思ってやってみます！」と。

そこで私は、「応援します！　Kさんなら大丈夫です。まずは『ママは仲間だよ』とお子さんが感じられるように、一歩ずつ踏み出していきましょう！」とKさんの背中を押しました。

こうして70日に及ぶ、Kさんの**「さらりと任せるママ」に向けての〝筋トレ〟**が始まりました。

実践！ ママと子のリアル ①

口を出さないのはホントに難しい！

1回目のコーチングの翌日、Kさんからメールが届きました。

相変わらず成績に一喜一憂し、いつもの調子で、

「ママだったら社会のテキストやっちゃうけど、あなたはどう？」

なんて言ってしまい、お嬢さんから「そうだね」というそっけない返事をもらったそうです。

「なにか手伝えることがあったら言ってね」

と言っても、「別にない」。そして無言の繰り返しです。以前であれば、

「もう少しこの問題をやりなよ。この間のテストでも点が取れなかったでしょう」

などと言ってやらせてきましたが、**グッとこらえ、黙ってやり過ごしたそうです。**

とにかく「May I help you? は難しいです」と言うKさん。

先日のテスト結果は横ばいで……志望校に合格するための偏差値は足りなかったそうです。

でも、**「5年生の後期だけど、成績が維持できてる！」「記述の要約ができている」「空欄も少なくなってきて時間配分ができてきたのかも」**などと、**できているところに目を向ける**ことはできたので、精神状態は安定しています、と報告されました。

ココがポイント

見守り方にはコツがある

口を出さずにジッと見守る。これは忍耐、忍耐の連続で、正直とても苦しいのです。でもこの時期を乗り切れると、お子さんはグッと変わります。

希望を持って、この難所をクリアしましょう！

ジッと見守るコツは、いくつかあります。

それが、次の２つです。

●子どもの態度にイライラしたとき

⬇華麗にスルーする！

受講生のママたちにお伝えしていることがあります。それは、**「イラッとする行動を〝華麗に〟スルーしてみましょう！」**ということ。

口を閉じるためには、子どもの行動を見過ごさなくてはなりません。

これがなかなかできないのです。**イライラがたまり、爆発寸前！　この繰り返しです。どうしたら、賢くやり過ごせるのか？**　そこで思いついたのが、このネーミングです。

これをお伝えすると、「面白い！　やってみます！」と皆さんこぞってチャレンジしていらっしゃいます。

私はかっこいい服をまとった闘牛士の〝凛としたビジュアル〟を思い浮かべます。

赤いマントを翻すようにさらりとかわすのです。子どもの言動にイラっときても、華麗にスルー！　そして「私できる！　カッコいい！」とOKサインを自分に出してみましょう。

●ママの意見を言ってしまったら
➡「……って思うんだけど、どう思う?」と尋ねる

「May I help you?」と尋ねるのはホントに難しいのです。

私自身、娘に意見を言ってしまい、娘の顔色が曇りはじめて「あ、私の意見言ってる!」とようやく気づくものの、今さら止められない……ということが多々あります。

特に勉強面! これはもう止められません。娘はとてもチャレンジャーで、「勉強しないでどこまで点が取れるか?」によく挑戦していました。**この意味のない「ノー勉チャレンジ」がどうしても腑に落ちない私。でも、どんな意見も娘には響かず**、娘は部屋に籠ったり、YouTubeに逃避したりと、勉強から遠ざかる状況を招いてしまいます。**よけいなひと言で勇気をくじいてしまったのです。**

そこで、「意見を言い過ぎた!」と気づいたときは、**「……ってママは思うんだけど、どうだ**

ろう?」と、危機一髪のところで、後付けして命拾いを目指しています。

言葉をまるっと変えるのが難しければ、**「後付け」でもいいので、自分の意見だけで終わらないように頑張ってみましょう。**本当は、「May I help you?」と最初に聞けて、ニーズがなければ意見を言わないようにできるといいんですけどね。実際は、なかなか悩ましくて、私も四苦八苦しています。

実践！ママと子のリアル②

怒りがたまって、大ゲンカ！

コーチングから1週間後、とうとう事件が勃発したそうです。

この1週間、勉強量がいつもより少なくて、毎週あるテストの結果はいつもより合計80点ダウン……。なのに、お嬢さんはソファでふて寝です。

それまで怒りをグッと抑えていたものの、

「本当にそれでいいの！　ママはずっと黙っていたよね？　やらなかったのは自分だよ。中学受験、何のためにやるの！　ママのため？」

とキレてしまい、矢継ぎ早にまくし立ててしまったのだそうです。

『駄目だコリャ……』

心の中で叫びましたが止まりません。お嬢さんは、泣きわめき、まるで地獄絵図。そして、彼女が言った言葉は……、

「うるさいママ！　死んでほしい！」

『ガーーーン』とKさんの頭の中は真っ白になってしまい、

「な……何て？」と聞き返しました。

「死んでほしいと思うようなことをされてきたもん……。**できることをできないと決めつけられたり、いきなり怒られたり。いなくなってほしいと思われても当然だよ。**私が何か悪いことした？　中学受験のことは、私を見ていればわからないの？　**ママは塾も行ってないしテストも受けてないくせに！**」

衝撃が大き過ぎたKさんは何のリアクションもできないまま、寝てしまったとのことでした。

ココがポイント

「揺り戻し」は誰もが通る道

コーチング1週間後の辺りで爆発！　これは皆さん、誰もが最初に辿る道といえます。

3日、4日目くらいは、コーチングで全てを話し尽くしてスッキリしたり、頻繁にコーチと連絡を取り合うことで晴れやかな気持ちになれます。

ですが、**その後に必ずと言っていいほど〝リバウンド〟が起こります。**

実はイライラを溜め込みつつ、機嫌がいいフリをしているだけの状態なので、小さな我慢がマグマのように溜まって大爆発となります。

習慣をいきなり変えようとして、自分に大きな負荷をかけてしまうことで、しわ寄せがいくのです。そして、しくじった自分を責めるサイクルに入っていってしまいます。多くのママもおっしゃっていますが「自分を整えることが一番難しい！」私も同感です。

コーチングを受けるときは、このように必ずといっていいほど、「揺り戻し」があると心得ておきましょう。

新しい習慣を身に付けるとき、最初からすんなりいくことは稀です。

例えば、「ダイエットしよう！」と決めても、我慢していたスイーツを急に食べたくなってしまったり、想定外にドカ食いしてしまったり、その結果、せっかく減った体重がリバウンドしてしまうこともあります。なかなか一筋縄ではいきませんよね。

お子さんと仲間になる取り組みをするときも一緒です。

「リバウンドするのは当たり前！」

そんな気持ちで取り組みながら、

「誰もが通る道、ここを超えれば楽になる！」

と自分にエールを送りながら、取り組んでみてください！

実践! ママと子のリアル③

「ママの頑張り」を子どもは認めてくれる

お嬢さんとバトルになった翌日に、**気づきのチャンスが訪れます。**

ご家族で食卓を囲んでいたときのこと。ご主人がKさんの仕事にダメ出しをしてきたのだそうです。そのとき、お嬢さんが、

「パパは、傍観者だよね? やっている人から助けを求められたら、その部分だけ助ければいい。それができないなら応援していればいい。それもできないなら、何も言わないほうがいいんだよ」

と穏やかに言ってくれたそうです。

そのとき、Kさんは、気持ちを代弁してもらえてホッとすると同時に、**お嬢さんの言葉を、そのまま〝中学受験〟に置き換えてみました。**するとこ、目から星が飛び出るような、まるでノックアウトされるかのような衝撃が走りました。

「やっている人」＝娘
「傍観者」＝私

そう気づいたKさんは、とっさに、

「ごめんね。ママはテストも授業も受けていない、中学受験をするわけでもない傍観者だったのに『やっている人』のあなたの前に行こうとしていたんだね。ホントにごめん」

と心から謝ることができたのだそうです。


すると、お嬢さんは、昨日の「うるさいママ。死んでほしい！」のバトルを許してくれたかのように**「それ、共感だね。昨日のテスト、点数はいつもより悪かったけど、頑張ったんだぞ」**と照れ笑いをしながら本音を話してくれたのでした。

「そうだよね。頑張っているよね。凄いなぁ」

自然にKさんもそう言うことができ、親子の間の空気が少し暖かくなったように感じた出来事となりました。

「コーチングで掲げた課題はつらいけど、〝心の筋トレ〟がこんなにも気持ちの良いものだったとは」と気づかれました。

ココがポイント
子どもはママの変化で変わる！

Kさんのように**大爆発をした翌日などは、**お子さん自身に変化が見えたり、ママ自身に「私が今までやっていたことって!?」と、**気づけるチャンスがふいにやってきます**。

「子どもは仲間」とブツブツ呟きながら、子どもにこれまでとは違った接し方をすることで、子どもの別の面が見えてきたり、ママの変化が子どもに伝わるなど、何らかの相互作用によって、状況に変化が起きるからです。

今まで気づかなかったことが霧が晴れるかのように一気に見えてきて、「あれ？　なんで気づかなかったんだろう？」と腑に落ちてきます。そんなときは、「気づけた私すごくない？」

とぜひご自分とハイタッチしてみてください。

なお、Kさんのケースのように、「子どもが劇的に変化するのは珍しいのでは?」と感じるママもいるかもしれません。

大丈夫です。どのご家庭でも、お子さんに何らかの変化が現れ始めます。

ママの変化にお子さんは敏感に反応します。心を開き、学校や塾のことを「聞いて、聞いて」と自分から話してくれるようになったり、素直にママの話を聞くようになったり……徐々にこんな変化が起き始めます。

最初は些細なことに思えるかもしれません。でも、お子さんにとっては、とても大きな変化です。

ぜひ、共感しながら話を聞いて、「子どもは仲間」という取り組みを大事に実践していってくださいね。

3 2回目コーチング

次は「子供を信頼し共感する」です
共感する
信頼する
「信じる」ことはなかなか難しいですが思い込むことからレッツトライです
共感共感
たしかに朝起きるのって辛いね…
フワ~
うん。
zzz
そうなんだよね~
チャッ
チャッ
チャッ
ママがわかってくれた
ママ~問題出して~
安心してくれたんだ!
もちろん~

「勉強」以外だと、共感しやすい！

いよいよ、2回目のコーチングに突入です。Kさんは、「相変わらず成績に一喜一憂してしまいます」とのこと。

「まだコーチングを受け始めて3週間です。何か手伝うことある？　と聞けるようになっているだけでも大きな前進です！」とお伝えし、次なる課題ステップ②にチャレンジしていただくことにしました。**次のステップ「子どもを信頼し、共感する」**では、次の2つを守ります。

- **「あなたはできる、大丈夫、能力がある」と信じ、子どももそう感じられるように接する**
- **共感する（子どもの立場に立って感じ、考えてみて、伝える）**

それを聞いたKさんは「共感はできるかもしれませんが、信じるは……ちょっと難しいです」とため息をつかれました。

子どもを信頼し、その上で共感する……。これは、とても難しいことですよね。「根拠がなくても信じること」は、覚悟がないとなかなかできません。なので、その覚悟を作るために「信じると決める」と無理やりにでも思い込みましょう。

「全てを信じることができなくても、お嬢さんは『できる、大丈夫、能力があるんだ』と思うことはできそうですか？」と伺うと、「それならできそう！　やってみます」と決心し、取り組むことを決めてくださいました。さあ、いよいよ実践あるのみです！

実践！　ママと子のリアル①

共感したら、子どもが変わった！

共感する場面は、勉強の場面だけとは限りません。むしろ、日常生活の場面のほうが共感し

やすいのでお勧めです。実際、Kさんもそれで成功しています。

お嬢さんは、朝起きるのが大の苦手。何度起こしても、起きないのだとか。そこでKさんはいつもギリギリまで寝ているお嬢さんになりきって、共感して言葉にしてみたそうです。

「今日は寒いし、確かに……まだ寝ていたい。ママに協力して起きたい気持ちもある。でももう少し寝ていたい……その気持ち本当にわかる。心と体が一緒にならないんだよね」

するとお嬢さんがスッと起きて、ご飯を食べ、ちゃっちゃっと身支度をして、計算問題を解き「行ってきま~す」と出掛けたとのこと。その日から、お嬢さんはKさんの共感する言葉に「そうなんだよ~」と言いながら、**起きられる日がだんだん増えていきました。**

自信をつけたお嬢さんから、「目覚まし時計を自分で選びたい」との要望も出ました。そして、お店でも自分で要望を伝えて選ぶことができたそうです。

ココがポイント

共感してもらうと、元気が出る

子どもの気持ちに共感すると、「私の気持ちをわかってくれるママは仲間だ！」と子どもが思えるため、グッと親と子の距離が近くなります。私も、料理に失敗したとき、「時間がないと焦っちゃうことってあるよね。頑張って作ってくれてありがとう！」と娘が共感してくれると、もう1品頑張ることができます。誰でも共感してもらえると、気持ちを汲み取ってもらえることが嬉しくて、前向きな気持ちになれるのですね。

実践！ ママと子のリアル ②

進んで勉強するように！

初回のコーチングから3週間ほど経ったこの頃から、お嬢さんから、

「勉強をもっと頑張りたい！」という意欲が出てきました。そして「個別塾にも行きたい！」と要望したそうです。

この時期、テストの点数が史上最低だったときも、Kさんは「共感……共感」とつぶやき叱らずに華麗にスルー。やがてお嬢さんのほうから、「ママ、私が問題に答えるから、答えがあってたらピンポーン、間違ってたらブブーって言ってね」とオーダーがあり、Kさんは喜んで協力するようになりました。

さらに、お嬢さん自ら、「明日の勉強の支度をしよう」「少し時間があるから、これ解いちゃおうかな」といった前向きな姿勢が出てきたそうです。

ときどきKさんは、「成績、大丈夫？」とお嬢さんに聞くこともありましたが、すぐにハッとして、**「ママは、あなたが安心して受験ができるように筋トレ中だった。ゴメンね」**と謝り、事なきを得ていたそうです。

小5の秋、だんだん塾の勉強が難しくなる中、上からではなく**「横から目線」の「ママからの共感」で得た安心感を糧に、お嬢さんは徐々に成績を上げていきました。**

ココがポイント

当事者意識が芽生え、偏差値がグンと伸びた！

コーチングを受けたり、グループコーチングに参加していただくと、お子さんの成績が安定したり、上向いてくることが多いのです。先日も、

「ここ半年でクラスが6クラス、偏差値が12・7もアップしました！」

と小5ママのRさんから嬉しいご報告をいただきました。

実はRさん、グループコーチング受講前は、朝のお支度、時間割、宿題、忘れ物、塾の成績、志望校決めに至るまで「全て母の役目」と過保護なくらいお嬢さんに尽くしていました。

ですが、「中学受験や勉強の主役、主人公は誰なのか？」という視点を手に入れてから、**お嬢さんができそうなことから一つずつ任せることにして、塾の先生を頼るようになり、とうとうお嬢さんから手を離されました。**そして、偏差値の劇的なアップです！

ママにやらされた結果ではなく、お嬢さんご自身で掴んだ成功体験です。

私たち親は中学受験の先頭に立つ主人公から下りて、お子さんがチカラを発揮できるようなフォローをしていきたいですね。

コラム④

「受験やめる」と子どもに言われた！

Ｎさんの息子さんは、念願の御三家に合格。ですが、一筋縄ではいきませんでした。3年次はＮ塾に特待生で入塾。サッカーを優先したため、偏差値65以上のトップ集団のクラスに入ったものの、週末テストが毎回振替となり、成績下位の子が座る後ろの席ばかり。それが嫌で、４年夏、難関大手Ｓに転塾しました。サッカーの遠征試合が増えてきたころから、寝不足が続き、成績も悪化。「どうしてできないの！」「どうして解けないの？」と子どもを罵倒してしまったそうです。

勇気づけ勉強会に見え、接し方を変えることを決意されたのは小５の秋のこと。息子さんのコーチになるための学びを続けながら中学受験を応援していかれました。**塾学年６年の春、「受験をやめる」と言い出した息子さん。その後、Ｇ塾に転塾。**夏は猛勉強したものの、９月のテストは最低点。**「夏は頑張ったんだからこれからは上がるしかないよね！」**と伝えたＮさん。12月以降は、親子の感覚で今の偏差値をホワイトボードに書き、仮想で上げていったそうです。Ｎさんは、**「息子のいいところを見つめ、本人を認め、より添い、協力し合い、励まし合う。その結果、６年の最後の最後に偏差値をかなり取り戻したあのパワー！！　本当に、素晴らしかったです！！」**と振り返っていらっしゃいます。

4 3回目コーチング

次のステップはこちら
ママと子どもの課題をはっきりさせる
「ママと子どもの課題をはっきりさせます」
子どものやること
・勉強
・学習計画
・成績
etc…
ママのやること
・見守る
・サポート
・気持ちの整理
etc…
子どもに頼まれたら手伝ってOK
ねぇねぇ学習計画作るの手伝って
うん!わかった
やった♡
私やればできる子なんだ
UP
成績
自信

親の「抱え込み」をやめるコツ

お嬢さんとの距離もグッと近づき、自信に満ちた表情に変わったKさん。
3つ目のステップにチャレンジすることになりました。
それは**「子どもの課題に介入しない」（144ページ以降を参照）**ことです。
課題とは、その人がやるべきことであり、ママと子どもそれぞれの課題は異なります。
ここでは、次の3つを行います。

①タスクについて「誰の課題？」と尋ね、話し合って仕分けする
②「子どもの課題」だとわかったものに関しては「見守る」
③「親の課題」だとわかったものに関しては「親が引き受ける」

実はこれ、一番の難関です。今まで親が、自分の課題として引き受けてしまっていたことを話し合いながら、一つひとつ、お子さんに丁寧に返していきましょう。

ここで一つ質問です。

「勉強」や「学習計画」「成績」は誰の課題だと思いますか？

答えは、「子どもの課題」（146ページ参照）です。低学年の間は親がしっかり見てあげる必要がありますよね。でも、本来これは子ども自身の課題なのです。

理想を言えば、小4終わり頃から徐々に、親が勉強をみるのはやめていくといいのです。

小5になったら、自分で勉強し、成績を伸ばしていける子になるのが目標です。

ママと子どもの課題を仕分けするときは、お子さんに〝これはママの課題、これはあなたの課題だよね〟としっかり認識してもらいます。

その上で、お子さんが「ママに手伝ってほしい」と感じたときには、はっきりと言葉で頼んでもらいましょう。**「ママに言葉でお願いしてね」**と伝えて、**こちらから察したり誘導したりしないで、お子さんにちゃんと言ってもらいましょう。**

問題の採点でも、過去問のコピーでも何でもかまいません。

ニーズなきところに、サプライなし――。

これは、アドラー心理学を教えていらっしゃる岩井俊憲先生から教えていただき、胸に刻んだ言葉です。

「子どもに求められなければ、手助けできない」ということです。

親には、**自然の成り行きに任せて見守る「忍耐」が求められる**のですね。

御三家を始め、数々の難関校に受かったお子さんのママたちも、もれなくこの忍耐を体験していらっしゃいます。見ているだけで、何もできないのは正直、とてもつらいのです。

ですが、**ここさえしのげば、お子さんはグッと伸びるのです！**

こうお話しすると、Kさんは、「これまで娘の課題に介入してしまい、だいぶやる気を奪ってきました……。見守ることも、私の課題を引き受けることも、頑張ってやってみます」と笑顔でおっしゃって、取り組む決意をされました。

実践！ ママと子のリアル①

自立心が芽生えた！

翌日、Ｋさんから、メールが届きました。

塾の帰り道、新しく通う個別塾の学習計画について話し合ったそうです。

お嬢さんの話をじっくりと共感して聞いた後、Ｋさんは尋ねました。

「個別塾が始まるよね。家での1週間の学習計画は一緒に考える？　それとも自分で考える？」

すると、

「えっと、月曜日は○○……火曜日は△△……」

と、お嬢さんが１週間の計画をスラスラと言い始めました。Ｋさんは驚いて、

「学習計画は、あなたの課題になっていたんだね。もし、計画通り行ってなかったとき、ママがどんな声掛けをしたら嬉しい、あるいは安心？」と聞きました。お嬢さんからは、「何も言わなくていいよ」とのこと。

郵 便 は が き

（切手をお貼り下さい）

170-0013

（受取人）

東京都豊島区東池袋3-9-7
東池袋織本ビル4F
㈱すばる舎 行

この度は、本書をお買い上げいただきまして誠にありがとうございました。
お手数ですが、今後の出版の参考のために各項目にご記入のうえ、弊社までご返送ください。

お名前	男・女	才
ご住所		
ご職業	E-mail	

今後、新刊に関する情報、新企画へのアンケート、セミナー等のご案内を郵送またはEメールでお送りさせていただいてもよろしいでしょうか？

□はい　□いいえ

ご返送いただいた方の中から抽選で毎月3名様に
3,000円分の図書カードをプレゼントさせていただきます。

当選の発表はプレゼントの発送をもって代えさせていただきます。
※ご記入いただいた個人情報はプレゼントの発送以外に利用することはありません。
※本書へのご意見・ご感想に関しては、匿名にて広告等の文面に掲載させていただくことがございます。

◎タイトル：

◎書店名（ネット書店名）：

◎本書へのご意見・ご感想をお聞かせください。

ご協力ありがとうございました。

「わかった。手伝えることがあったら言ってね。あなたならきっと大丈夫だよ。やってごらん。応援しているよ」

とKさんが伝えると、お嬢さんは笑顔で「うん、わかった」と返事をしたそうです。

これで**「家での学習計画」は「お嬢さんの課題」であると明確になったので、Kさんは「見守る」ことになりました。**なお、「学習計画に対する期待、焦り、不安」などは、**「親の課題」（147ページ参照）**となりますので、Kさんが引き受けることになります。

こうして、お嬢さんの学習計画を「見守る」準備が整いました。Kさんは、この後、何も言わずに「見守る」を2週間頑張り続けることになります。

ココがポイント

どう考えているのか、子どもに尋ねる

私たち親は、子どもに対して「きっと考えているわけがない」「なにも考えていないのよ」

などと思いがちです。私も、小3のとき、なめこ育成ゲームにハマっていた娘を「大丈夫？ちゃんと考えてやってるの？」とモヤモヤしながら見ていた時期がありました。

ですが、**Kさんのように直接、「あなたは、どう考えてる？」と訊いてみると、子どもの考えが明確にわかります。**「答えは子どもの中にある」と考え、思いきって尋ねてみることで、親の気苦労を減らすことができます。

実践！ママと子のリアル②
黙って見守るために

その都度、メールで状況を知らせてくれるKさん。

日々、お嬢さんに「黙って見守れているか」を点検してもらっているそうです。

「今日のママ、見守りできてた？」

と、お嬢さんに尋ねると、「できてたよ」と**合格する日が増えてきて、親子の会話もはずんでいるようです**。お嬢さんも屈託なく、「ママが黙って見守れているかどうかの点検役」を務めてくれているそうで、親子の**「課題の分離」**が進んでいることがわかります。

ココがポイント 「見守り」の点検を子どもに頼む

Kさんのように、「見守れているかどうかの点検役」をお子さんにお願いして、お子さんにも見ていてもらえるような環境づくりをするのは、素晴らしいアイディアです。

私も、Kさんにあやかって、自分のアプローチに自信がなくなると**「私があなたの課題に介入しすぎたり、ウザいなと感じたら教えてもらえる?」と娘にお願いするようにしています。**

つい先日も「最近のママ、ウザい。自分を奮い立たせるために言ってるひとりごとに、いちいち反応しないでほしい」と言われてしまいました。

ですが、なかには「本当はママに聞いてほしい」ひとりごともあるかもしれません。どう見分ければいいのか、私にはサッパリわかりません。

そこで**「ひとりごとだと伝えてもらえたら、反応しないようにできるよ」**と娘に伝えたところ「それもそうだね」と和解することができました。

親子の間に**チェック機能があると、疑心暗鬼にならず、安心してコミュニケーションを取れるようになります**し、私たちの「見守る力」を伸ばしていくことができます。

実践！ ママと子のリアル③

「少しだけ待つ」が功を奏する

3日目のコーチングから11日目、メールが届きました。

「娘がやらないのではなくて、私が待てないだけでした」

そう気づいたKさんは勉強の支援方法について、**お嬢さんにこんなふうに尋ねながら進める**

ことにしました。

「今日は、どんなふうに勉強を進める？
①前回と同じやり方でママが手伝う　②自分で進める
③今日は進めないでおく　　　　　　④その他
どれにする？　①だったらママも時間を空けておくね」

「①がいい！　8時位にお願いします」
「了解です。ママもその間、自分の勉強をしています」

このように話し合うことで、「まだ誘導してるかな」という後ろめたさは残りつつも、**Kさんのストレスは激減したそうです。**

生活面では、お嬢さんからこんな要望が出てきました。
「布団をいきなりめくらないでほしいの。最近、セクゾがカッコイイから……曲を流してくれたら起きられる気がする」

実際に、やってみたところ、あっという間に起きてきて、それ以来、この方法でうまくいっているそうです。そのうえ、「ママ、お仕事もお勉強も頑張ってね」と言ってくれるようになったとか。

これらの経験を踏まえて、Kさんは、

「子どもは〝中学受験〟の主人公、親は〝中学受験支援〟の主人公」

「中学を受験するのは娘の課題、中学受験を支援するのは私の課題」

と、考えられるようになり、ステップ③「子どもの課題に介入しない」も達成しつつありました。

次回で、4回目のコーチングを迎えます。いよいよ、Kさんにとって「塾の面談」という大きな「親の課題」に取り組む日が近づきつつありました。

ココがポイント

気持ちを切り替える方法を持とう

見守るって本当に難しいですよね。私は、目の前で起こることに対しては、見過ごすことができません。怒ったり、文句を言うのは何とか抑えられるのですが、言葉が減って、顔が真顔に近くなり、もやもやと黒くてイヤな空気や、「勉強しないの？」オーラを出してしまうようで、娘が私に気を遣い始めるのです。

「そろそろスタディサプリに興味が出てきてるかも！」

なんて聞いてもいないのに言ってきたりします。

そんなときは、食材を買いに行ったり、カフェに寄ってみたりします。

「勉強するもしないも、どうやって時間を使うかも、私の課題ではなく娘の課題だ！」と言い聞かせるだけではどうにも収まらないこともままあるので、自分を整えフラットに保つレシピで、なんとかしのぐようにしています。**日頃から「自分を整える行動レシピ」をもっておくと、いざというときに乗り切れます。**

5 任せるための「仕分け」のコツは？

子どもに課題を返していこう

3回目のコーチングで、Kさんは「子どもの課題に介入しない」を実践しました。

ここでは、親子、それぞれの課題を明確にするために、**「課題の仕分け方」**についてもう少し詳しくお伝えしていきます。

さて、私たち親は子どもの課題を驚くほど多く抱え込んでいるものです。

「子どもの課題を子どもに返していく」

仕分けるときは、こんなふうにイメージして取り組んでみてくださいね。

「このタスクは誰の課題なのか？」を考えるときは、**「実質的に迷惑を受けるのは誰か？」を思い浮かべるとよいでしょう。**

例えば、「子どもが勉強しなくて成績が下がること」、これは誰の課題でしょうか？

答えは「子どもの課題」です。

「親がイライラさせられるから、親の課題ではないか？」と考えがちです。

でも、成績が下がり、クラスが落ちるなど、実質的に結果が降りかかってくるのは、お子さんです。ですから、「子どもの課題」となります。

子どもと親、それぞれの課題を考えるヒントについてお話ししていきます。

まずは、子どもの課題の一例から。

子どもの課題

①朝起きること　②歯磨き　③服を選んで着替える
④学校に行くこと　⑤遅刻　⑥忘れ物
⑦宿題　⑧勉強　⑨成績
⑩友達関係　⑪習いごとをするしない

次に「親の課題」です。実は、**「親の課題」の多くは、「子どもの課題」に対する「期待、イライラを引き受けること」にあります。**では、一例を挙げてみますね。

親の課題

①「朝起きること」に対する期待、イライラ
②「歯磨き」に対する期待、イライラ
③「服を選んで着替えること」に対する期待、イライラ
④「学校に行くこと」に対する期待、イライラ
⑤「遅刻」に対する期待、イライラ
⑥「忘れ物」に対する期待、イライラ
⑦「宿題」に対する期待、イライラ
⑧「勉強」に対する期待、イライラ
⑨「成績」に対する期待、イライラ
⑩「友達関係」に対する期待、イライラ
⑪「習いごとをするしない」に対する期待、イライラ

私たち親は、子どもに非常に多くの期待をかけるものです。だからこそ、それが達成できないと焦り、怒りを覚えてしまいます。その感情を子どもにぶつけず、自分の中で処理していくことが大事な「親の課題」なのです。

これを認識することが、〈課題を仕分ける〉スタート地点になります。

取り組むときのコツ

実際に取り組むときは、**お子さんと「これは誰の課題？」と話し合いながら一つひとつ仕分けていきましょう。**子どもの課題に介入することは、勇気をくじくことになるので、くれぐれも注意してください。

まずは、「子どもの課題」に介入しないで、イライラなどの感情を引き受けようとしている自分に「よくやったね！ 課題が分離できたね！」と認めてあげましょう。

なお、「課題の分離」を成功させる秘訣があります。
それは**「一人でコソコソやろうとしないこと」**です。
例えば、お子さんに、こんなふうに話してみましょう。

「今まで、あなたがやるべきこと、ママが勝手に手を出して抱えてきたことがたくさんあったと思うんだ。それは間違ってるってわかったの。
あなたができることをたくさん奪ってしまっていたと思う。ごめんね。
この際、あなたに『お任せできること』を
一つひとつお返ししていきたいんだけど、いいかな?」

こんなふうに尋ね、お子さんの考えを聞きながら、「塾のプリント整理、これはどうかな? あなたの課題としてお返ししてもいい?」というように丁寧に話し合って進めていきましょう。
さらには**「できることが増えてきたね!」**と温かい言葉で勇気づけていくことで、「課題の分離」をうまく進めることができます。

見守るコツ

さて、「課題の分離」ができたら、次は「見守り」ます。

見守りの最中に、お子さんから直接、

「私（僕）の課題を手伝ってもらえる？」

と頼まれたら、**「何をどう手伝ってほしいか？」**を話し合った上で、できることを、できる範囲でサポートしてください。

「必要なことを頼めるような、親子で協力し合える関係づくり」が目標です。

このようにして、**お子さんが「自分の課題」を自分事として捉えて、必要があれば親に協力依頼をする、そして私たち親が手伝う、という流れにしたい**のです。

これにより、お子さん自身が、

「中学受験は僕が主人公なんだ！」

「中学受験の主役は私だったんだ！」

と気づき、自らの課題に取り組めるようになります。

ココがポイント

課題の分離に成功した例

①物理的に距離を置く

娘が小5のときのことです。ゲームや実況動画にハマって、成績がアップダウンしたことがあり、子どもの課題に口を出しそうになった時期がありました。

私の救いは仕事のおかげで家にいなかったことです。ゲーム三昧の娘を知ってはいたけれど、実際にその姿を目にすることはありませんでした。**この間、「この子はできる！」と信じて口を出すのはやめました。**

後々、娘に聞いたところ**「ママから何も言われないから、かえって罪悪感が募った。自分でもやらなきゃいけないと思って、自主的に勉強するようになった」**のだそうです。

「家にいなくて本当によかった！　なんとか無理矢理にでも、課題を分離して見守ることができる顛末となってよかった……」と今でも感じています。

②家庭学習ゼロでも、御三家に合格！

お嬢さんとバトルが絶えなかったというEさん。

小6の秋、グループコーチングを受講されました。この時期、Eさんのお嬢さんは、送り迎え以外、Eさんを頼ることなく、「中学受験は私の課題なんだから、ほっといて」という態度。

全ての勉強を自分で把握して塾や個別塾で済ませてくるため家庭学習時間ゼロ。

勉強面でEさんが手伝える課題はなかったため、**Eさんの課題といえば「親の課題＝子どもの課題への期待、イライラ、焦り、心配、不安」を自分で引き受けることが主な仕事でした。**

Eさんは、「家庭学習が大事！　家でコツコツすることこそ合格への道」と信じて疑わなかったため、家庭学習ゼロで、寝っ転がりながら大好きなテレビ番組を欠かさずに観ているお嬢さんへのイライラ、不信感と闘いながら、「課題の分離」をスタートしました。

主にすることは「黙って見守る」ことに全精力を費やすことです。

「私は女優！　私は女優！」と言い聞かせ、

「娘が自分の課題の中学受験に向かって行動がスムーズにできるように、私の課題を引き受け

て、メンタルを整えます！」

と腹を括り、家庭学習ゼロの毎日を見守り続けました。

グループコーチング受講前は、お嬢さんの偏差値が＋－20の幅があり、4教科の偏差値の差が15ということが頻繁にあったそうですが、「課題の分離」を意識し、口角を上げて、余計な口出しをしなくなった頃から、4教科の偏差値の差が5以内になったそうです。

また、終盤には、

「私の課題は、居心地の良い甘えられる空間を守っていくこと。明るく、元気に、気持ちよく送り出してあげること」

と悟られ、受験当日まで「女優魂」を持ち続けました。結果、お嬢さんは、御三家を含む難関校数校に合格され、第一志望校に入学されました。

6 4回目コーチング

続いてはこちら!
感情をコントロールする
↳イライラの数値化
イライラをコントロールして総仕上げをしていきましょう
どうしてイライラするのか客観的に考えます
なんでだろ?
イライラくん
心のクセがわかると
どん
イライラくん
約束を守ってもらえないとイライラして大きくなった!
冷静に心をコントロールできるようになる
余裕を持って勇気づけできる
大丈夫!

心のクセを知り、適切にフォローする

4回目のコーチングとなりました。残りあと1回で卒業となります。

「子どもの課題に介入しない」の総仕上げとして、**「親が察したり誘導したりしないで、お子さんから頼まれて、お互いに合意できれば手伝う」**を実践します。

また**感情をコントロールするために、イライラしたときの怒りを数値化**するようお願いしました。Kさんは、

「数値化、やってみます！　今度、塾で面談があります。今なら、塾の先生に娘の応援団の一員、味方、仲間になってほしい、とお願いできると思います」

こうして、塾の面談に向けて準備しつつ、最終コーチングに向けてのKさんの筋トレが始まりました。

真面目なママほど、塾の力を借りずに頑張ってしまうようです。ですが、**塾の先生にいろいろお願いできるようになると、子どもの頑張りが各段に違ってきます。**

親がアドバイスをしても耳を貸さないのに**「塾の○○先生がこう言ってたよ！」**と伝えると、素直に聞いてもらえるなんてことはありませんか？

我が家の娘は、塾の先生を心から信頼し尊敬していたので、先生の名前を出すだけで目の色が変わります。

なかなか家庭学習が進まないときなどは、娘に了承を得た上で、先生に伝えて喝入れや勇気づけをお願いしていました。

すると、あっという間にやる気倍増です！

でも、2～3日しかやる気が続かないこともあるので、そんな場合は、何度でもお願いしていました。**我が家にバトルがなくなったのは、遠慮を乗り越えて、先生にお願いできるようになってから。**「もうバトルはしたくない！」という方ほど、塾の先生にお願いする勇気を持つことをお勧めします。

コラム④

試験前日に第一志望校の受験をやめる

Tさんのお子さんには、ずっと憧れていた第一志望校がありました。ですが、塾になかなか行けない時期や準備が遅れたこともあり、順風満帆という状況ではない中、志望校に向かって追い上げを続けていたそうです。ですが、**試験前日、お子さんから衝撃的なことが告げられました。「この学校の受験をやめたい」と。**

今まで合格するために頑張ってきたお子さんの気持ち、自分の気持ちと闘いながら、Tさんは葛藤しました。そして**「うん、あなたの思うようにしたらいいよ」と背中を押したのです。**

その日から、新しい第一志望校に向けての日々が始まりました。その結果、新しい志望校に合格し、晴れて入学されました。**入学後は、子ども史上これほどのポジティブさがあるだろうか、というくらい熱心に勉強も部活も頑張っているそうです。**お子さんの気持ちを最大限優先することにしたTさんは、お子さんが中学生になった現在、「自分が何も言わなくても何でも熱心に取り組む」というなんとも羨ましい生活を送っていらっしゃいます。愛するママに最大限勇気づけられた経験のあるお子さんは本当にすごい力を発揮してくれるのですね！

実践！ママと子のリアル①

塾の先生の信頼を勝ち取れた

後日、塾の面談について報告のメールが届きました。

Kさんは、教室長の先生と、「お嬢さんの塾・家での様子」を共有し、お嬢さんから聞いていた不安と、既にご本人が決めている志望校を伝えました。

そして、**「Kさん自身の中学受験に対する想い」を正直に話してみたそうです。**

「できる親」と思われたくて、面談を有意義に活用できなかったことや、本人を尊重しながら「幸せな」中学受験にしたいこと。そして、N塾を心から信頼し感謝しており、この先、本人や母親である私が不安になったときに、相談に乗ってほしいことなどを伝えたそうです。

すると、先生は涙ぐまれ、こうおっしゃったそうです。**Kさんの考え方は、N塾が目指す中学受験のあり方そのものであること、そして信じてついて来てほしいと。**

1時間の面談が終わる頃には先生から、「ありがとうございます。勇気が出ます」と逆に感謝していただけたそうです。**ついにKさんは塾から「我が家が目指す中学受験」に向けて協力を勝ち取ることができたのです。**

その後、不思議と「イライラした感情が収まりやすくなった」というKさん。感情コントロールも上手にできるようになっていかれました。

ココがポイント

イライラがおさまる秘けつ

イライラを数値化すると、客観的に自分を見られるようになります。私自身、数値化することで、「話し合って決めた約束を守ってもらえないときにイライラしやすい」ことに気づきました。落胆が怒りに変わって、裏切られたような気持ちになるようです。

怒りは二次感情であり、一次感情である悲しみ、落胆、不安、心配などが満たされない場合に出るといわれています。**イライラの奥にある本当の感情に気づくと、自分の感情を上手に扱えるようになり、爆発するのを防げます。**

実践！　ママと子のリアル②

怒りがなくなった！

コーチングから1週間経った頃、Kさんからメールが届きました。

なんと、怒る回数が激減したそうです。あってもイライラ度合いはごくわずか。

イライラして当たってしまったら、

「イラついてゴメン。こんな言い方ないよね、ビックリするよね」

と謝れるようになりました。それを聞いたお嬢さんは「そうだ、そうだー!!」と笑い飛ばしているそうです。


以前は逐一、テストの結果を見て解き直しを指示していたのに、コーチング開始後はあまり見ていなかったKさん。久しぶりに解答用紙を振り返ったとき、あることに気づきました。

初回コーチングから3週間ほど経った頃から、国語の成績が徐々に上がってきたそうです。

改めて解答用紙を見てみると、記述問題にきちんと挑戦できていたのです。

過去、わからないと、何も書かないこともあったのですが、**この1ヵ月は特に「時間がないけど諦めずに書いた！」箇所に部分点が加算され、素点が上がっていたのでした。**

そのうえ、**お嬢さんのやる気がめきめきと上がっていることが、傍で見ていてもわかるようになったといいます。**さらに、「偏差値も、コーチング開始後から徐々に上がっていき、模試は5年生になってから最高の偏差値に」「4科目で6ポイント、算数は低迷期から12ポイントアップ」したそうです。Kさんいわく、**「一切、勉強を見ず、娘に言われたことだけ聞いてやっただけです」**とのことでした。

さらに嬉しいご報告が続きます。

テストの前日も、「ママ～。私、凄いよ！　この問題スラスラ解けたよ。見て！　ママ解ける？」とお嬢さんが興奮気味にノートを持ってきたのだそうです。Kさんが降参すると、「私が教えてあげようか？　ここね……」と解説してくれたので、じっくりと耳を傾けたそうです。

最近のKさんの勉強面でのサポートは、これくらいになっていました。偏差値がなかなか上がらない小5の秋冬ですが、Kさんのお嬢さんは違っていました。世界一愛するママから、勇気づけられていたからです。

さらに、**お嬢さんが、成績が落ちているお友だちを「きっと大丈夫だよ」と勇気づけるようになったのだとか。**「成績アップより、ずっとずっと嬉しいです！」と喜ばれていました。Kさんが「筋トレ、筋トレ」と培ってきた勇気づけが、お嬢さんにも伝播していったようです。

ココがポイント

団体戦で臨む中学受験もある！

中学受験は個人戦だから、あまり子ども同士を接触させない、友だちに志望校を聞かない、言わない、を徹底している塾を最近多く見かけるようになりましたが、**Kさんのお嬢さんのように団体戦で、お友だちと励まし合いながらする「中学受験」もあるのです。**

私の娘も、中学受験は団体戦として、小6から志望校別チームを作ってくださる先生にお世話になっていました。小6だった娘が外部の学校別模試の結果を塾に提出する日、同じクラスのトップ男子たちから「見せて」と言われたので、素直に渡すと、「おまえ、しょっぱなから計算間違うなよ」と的確なアドバイス、続いて「この問題、どうやって解くか、解法わかる？」と確認までしてくれて、娘が答えると「正解！」と。

それから、御三家を受ける男子の何人かで

「この偏差値じゃ、まだダメなんじゃん？」

「けど、まぁ、順位的にはOKでしょう」

と娘の成績会議まで開いてくれて、まるでお兄さんのように見守ってくれていたそうです。

私はその話を聞いて「一生の仲間に逢えてるんじゃない？」と尋ねると、娘は「うん、本当に一生付き合っていける仲間に出逢えてると思う」とのこと。

こうした出会いや、お友だちを勇気づけたりできるという嬉しい子どもの成長は、何にも代えがたい価値のあるものではないかと感じます。

実践！ ママと子のリアル ③

お嬢さんの大変化

塾で残って勉強したり、質問したい問題をピックアップしていたり、テストを自分でファイリングしたり、塾のお友達を勇気づけたり**何事も自分から「楽しそうに」取り組むようになっていったお嬢さん。**

Kさんも、あまりの変化にビックリして勉強の管理を全てやめ、お嬢さんに頼まれたこと、例えば、塾に行く前のおやつは、パンではなくおにぎりにするといった要望に応えるのみになりました。

塾の授業が19時30分に終わっても、先生に質問しながら21時30分頃までひたすら問題を解いたり、午後のテストに備えて、朝から勉強しに行くために友達と約束したりするなど、熱心に勉強するようになったそうです。

お嬢さんは、塾そして塾の先生、塾の友だちという、親以外の安心、安全な基地、居場所を

も自らの手で獲得されたようでした。

朝もきちんと起きられるようになり、計算問題を自ら解き、風邪をひきたくないからと朝ごはんをきちんと食べ……全部自分で考えて行動しているお嬢さんに、Kさんは「まさにミラクルです!!」と驚きを隠せませんでした。

「コーチングを受ける前には、『どうやって勉強させたらいいか?』ばかりに意識がいっていました。でも、いまは心から子どもを、そして塾の先生を信じています。

少し背の高くなった娘と一緒に入学式に向かう姿を想像して泣いてしまいました。こんな感覚、本当に初めてで感動しています。**たった2ヵ月でホントに変われるんですね。**

自分を、他人を、子どもを……信じられなかった私が、なりたい自分に近づいているなんて嘘みたいです。私、次のセッションで卒業できそうです」

メールの最後にはそう綴られていました。

ココがポイント

中学受験は、間近で応援できる「最後のイベント」！

私はよくこんな話をします。

「お子さんが、中学という新しい世界に向けて自立しようとしています。こんなに近くにいられるのも、おそらくもう最後です。

特に男子は、ハグを求めてきたり、甘えたりする機会が、どんどん減っていきます。

女子もドライになってきます。こんなに近くで、同じ目標に向かって至近距離で応援できる最後の時間を、大切に過ごさないなんて本当にもったいない！」と。

娘が通っていた塾の塾長のＧ先生は「中学受験は自立の儀式」とおっしゃっています。

もうすぐ旅立ってしまうわが子と一緒に過ごせる「最後のイベント」、中学受験――。ぜひ一瞬一瞬を大切に愛おしく過ごして、愛するお子さんと共に楽しく乗り切っていきたいですね。

コラム⑥

親がすべき大事なことは？

「中学受験で親がすべき一番大事なことはなんですか？」

とＫ塾のＩ先生に聞いたことがあります。

「第一志望校に落ちたとき、どんな言葉をかけるかをあらかじめ考えておくこと」

こんな言葉が返ってきて、その場にいたメンバー全員が「えーー！！！」と悲鳴を上げました。ですが、**「不思議と、準備ができている親の子どもほど第一志望校に合格する確率が高い」**とも教えてくださいました。おそらく、そこまで考えることで冷静になれるのですね。

私自身は「ここは難しいんじゃないかな……」という学校の合格発表日に、実は心の中で準備をしていました。「すっごい頑張ってきたことをママはわかってるよ」という言葉です。案の定、予感は的中しました。娘は、「覚悟はしていたけど、やっぱり辛いね……」そう涙ぐんでかみしめていました。ですが、**用意していた言葉のおかげで、娘をくじかずにすんだと思っています。**

親のとっさの反応で、子ども自身を、子どもの未来をくじいてしまうこともあります。ちょっと怖いかもしれませんが、「第一志望校に落ちたとき、どんな言葉をかけるか？」は一度、考えておくと安心でできるのかもしれません。

7 最終コーチング&合格するまで

さぁついに
最終コーチングです。
大切なことは…
ひょこ
「黙って見守ること」
です
自分でやらなきゃ！
とやる気が出て
まずい…
また点数落ちちゃった
……
がんばれ！
自分の力でできる
から自信がつく
私はできる子！
やったー！80点も取った
よかった!!
そして、自分でできる
自立した子に
合格証書
やったー！
おめでとー
イライラくん

子どもに課題を返していこう

初回コーチングから5回目となる70日目、最終セッションとなりました。

Nさんは見違えるほど、自信に満ち溢れているご様子です。

「中学受験の主人公は子ども！」

そう心から信じられるようになったKさんは、これから小6となるお嬢さんの中学受験支援に向けて、晴れ晴れとした表情でコーチングから卒業していかれました。

中学受験は、

「親子関係をリセットできるチャンス」
「親としての在り方をやり直すチャンス」
「子どもの勉強や将来に向けて、親の姿勢を育てなおすチャンス」

という大きな意義あるイベントです。

お子さんの年齢が、思春期の初期であり、まだ親の心に寄り添ってくれる時期であることを考えると、**無理せず、親子関係や子育てを改革できるラストチャンス**といえるのかもしれません。

中学受験のサポートは、山あり谷あり、怒りあり涙ありです。ですが、合格発表や入学式のときに、**「どんな自分と、どんなわが子がそこにいるか？」をしっかりイメージしていく**ことで、たとえブレそうになっても、堪えることができるのです。

実践！ ママと子のリアル

見事、合格を手に入れるまで

その後、お嬢さんとKさんは、お互いの課題をこなしながら、受験をタフに乗り切って行かれました。小6の中学受験生の母になったKさんは、フルタイムのワーキングマザーであるにも関わらず、私のもとで勇気づけと子育てコーチングを学びながら、中学受験を応援し続けました。

お子さんと同じ目標に親子で向かえる最初で最後のイベント、自立への儀式であるともいえる中学受験。Ｋさんは、終わってしまうその日に向けて、お嬢さんにさらりと任せながらも、至近距離で寄り添える日々を愛おしく思いながら過ごされました。

そして、試験本番、２月です。

「ママ、いろいろありがとう。これからも、自分らしく頑張るよ」

その言葉こそが私の合格証書、合格ダルマだな……Ｋさんはそう感じたそうです。

「私は、これから一生、夢を諦めない。人を笑ったり茶化したりしないんだ。その人が本気で決めてるなら『やめなよ』なんて絶対に言わないで応援するんだ。そう決めた」

中学受験の主人公として、最後までやり抜いたからこその力強い言葉が、Ｋさんの耳に響いてきました。

そして、合格発表の日。お嬢さんは最後まで諦めずに、自分の力で掴み取った、第一志望である学校の合格証を持って立っていました。

「笑顔で信じて見守る、凄く難しかったです。けれど、ここまでの道のりにも意味があって、これからの長い人生でこの挑戦を何度も思い出すんだろうなと、思います」

こうして、お嬢さんの第一志望合格も、お嬢さんとの強い信頼関係も手に入れて、Kさんの中学受験サポートの全てが終了しました。

Kさんは今でも「あなたはできる、大丈夫、能力がある」「ママは味方で仲間だよ」とお嬢さんが感じるオーダーメイドの勇気づけで支援しています。**お嬢さんは入学後も無遅刻無欠席、学校のクラスでも部活でも、ママから受けた勇気づけを周囲にも惜しみなく注ぎながら、憧れだった第一志望校でスクールライフを満喫中です。**

4

〈小6からはコレが決め手〉

塾の〝フル活用〟で劇的に伸びて合格する!!

1 ヒートアップにご用心！

小6ママは、勇気をくじきやすい!?

小5の冬になると、入試まであと1年……。近いような、遠いような、なんだか心がソワソワしてきますよね。「受験生の母となってしまった」という責任感や、「どうしたらいいんだろう?」という不安や戸惑いが一気に押し寄せてきて、心穏やかではなくなります。

このため**5年生までは、お子さんを追い詰めずに見守れていたママでも、塾学年6年生になると、様子が違ってきます。**

「さぁ、ラストスパートよ！　合格目指していくわよ～！」

と、鼻息荒く、目の色が変わってくるのです。子どもが小6になると、こんなふうに親の受

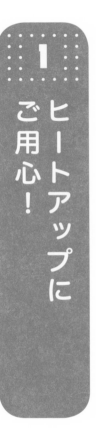

験熱がヒートアップし始めます。ですが、**ここで落ち着けるかどうかで、お子さんの合否が変わってきます。**前のめりにお尻を叩くママになると子どものやる気を奪いかねません。

私自身、ヒートアップしてしまった経験があります。あれは娘の志望校を絞った小6の冬のことでした。

「あと入試まで1ヶ月、同じ学校を志望するメンバーの中での立ち位置がわかれば、どんなに安心できるだろう」

「もう一つ、志望校対策の塾に行かせたほうがいいのでは?」

そう焦り、娘に相談したのです。

娘を完全に信頼できていなかったことに加

え、「後悔したくなければ、手を尽くせ！」という思いで一杯になってしまったのです。そのときは、完全に前のめりだったと思います。

「もうちょっとで偏差値が志望校に届きそう！」
「このダラダラする時間を全部、勉強に費やせばなんとかなるかも！」
「○○さん家は、個別に行って成績が上がったというし……」

などという**「あと少し○○すればどうにかなるのでは？」という思いが、私たち親を中学受験という「子どもの課題」（146ページ参照）への介入に駆り立てていきます。**

受講生の皆さんのご家庭では、「急にパパが〝このままで大丈夫なのか？〟と子どもに言い出しまして……」と、ご主人が豹変するなんていう声も多く聞かれます。

私たち親はみんな、「なんとか合格させてあげたい！」「子どもの努力が実ってほしい！」という気持ちがありますし、何といっても子どものことが心配なのです。

ですが、そんなときには、この言葉をつぶやいてください。「ニーズなきところにサプライなし」と――。**子どもに求められていないことは、親はすべきではありませんよね。**

案の定、もう一つ塾を勧めた私に、娘はきっぱり言いました。

「私は合格実績を他塾に身売りする気はサラサラないからね！」と。

「K塾の合格実績を上げるんだ！」という、お世話になった先生方に恩返ししたいという気持ちと強い意志は、私に「NO！」を突き付けました。

娘のその言葉を聞いて、ようやく熱を下げることができ、「娘の応援団」に徹する方向に舵を切ることができました。

難関校に合格させているベテランの先生方は**「自分でなんとかする子どもが受かっていく」**（33～36ページ参照）と口を揃えておっしゃいます。自ら進んで勉強し、「テストの点数やクラスの上下の結果を子ども自身が『自分ごと』として捉えられる子」が難関校に受かるのです。

お子さんが、あと一歩のところで息切れしてしまったり、合格発表後に燃え尽き症候群となったりしては、元も子もありません。

特に最難関校を目指す場合は、「中学入学後に、学校側が生徒に求める自主自律、自己責任の世界が待っている」ことは肝に銘じておきたいところです。

この時期、「合格させたい！」という思いからママがヒートアップしてしまうと、「中学受験の主役」の座を子どもから奪いかねません。これをすると、お子さんのやる気や頑張りを根こそぎ奪うことになってしまいます。苦しくても、ここが踏ん張りどころです！

何か手伝いたいと思ったら必ず、

「ママにできることあるかな？」

「何か手伝えることあるかな？」

と、ことあるごとに「ニーズ」を確認しましょう。もしお子さんに「ニーズ」がなかったら、どんなにいいと思えるアイディアでも、引き下がる勇気を持ってくださいね。

2 受かるママ、落ちるママのスタンス

子どもを「見守れるかどうか」がカギ！

某塾の先生のTwitterに「親子喧嘩で偏差値5は下がる説（当社比）」と載っていました。

私のコーチングを受けているママたちも、

「模試の前にバトルをして、子どもの心をくじいてしまったら成績が散々でした〜。やっぱりメンタル大事なんですね」

と口を揃えておっしゃいます。**中学受験の成功にお子さんの〝メンタルの安定〟は欠かせません。その意味でも、親子関係はカギになるのです。**口ゲンカは、時間の無駄ですし、お子さんの成績にも合否にもダイレクトに影響してしまいます。

小6になったら、ぜひママのスタンスをより明確にしておきましょう。
合格ママと不合格ママの違いは何か？　それぞれに共通するのはこのスタンスです。

不合格ママ**➡見守れずに「手を出す、口を出す」**
合格ママ　**➡「自然の結末」に任せ、見守る**
不合格ママ**➡「ネガティブな言葉」で勇気をくじく**
合格ママ　**➡「ポジティブな言葉」で勇気づける**
不合格ママ**➡能面のような〝冷たい顔〟で不機嫌全開**
合格ママ　**➡焦りを顔に出さないように〝笑顔〟で頑張る**

なお、**「自然の結末」とは、自分の行為の結末が自分の身に振りかかること。**アドラー心理学では、自然の結末を体験させることも「勇気づけ」の一つとしています。

つまり、**子ども自身に「何とかさせる経験」を積ませる**ということです。

私たちママは、毎日食事を用意したり、決まった時間に寝てもらうために声をかけたり、お風呂に入ってもらうよう準備するなど、たくさんの家事をコーディネートしながら、家庭を取り仕切っています。ワーママであれば仕事もあります。膨大な仕事量ですよね。

それに加えて、塾の送迎、宿題の管理や丸つけの他、学校説明会、文化祭、運動会の見学スケジュールの調整や、志望校選び、模試選び、申し込みなど、**多くの受験イベントをママが中**

心になって動かしていくことが多いのです。

だからこそ慣れてしまうのです。何でも、率先してやることに……。

でも、忘れてはいけません。中学受験の主役はお子さんです。

お子さんの中学受験を応援する、それこそが私たちママの仕事です。

正直言って、ママは忍耐、忍耐の連続です。相当なストレスがかかるので、イライラもたまり、子どもを叱りつけたくなりますよね。

実際、私のコーチングやグループコーチングを受けているママたちのグループLINEでは、黒いモヤモヤした気持ちやイライラをはき出す言葉でいっぱいです。

仲間に自分の気持ちをはき出して、お互いに勇気づけ合うことで、子どもに怒りを向けるのをグッとこらえています。

では、はき出せる相手がいないママはどうすればいいのでしょうか?

次の項目では**揺れるメンタルを支え、適切にお子さんに接するヒントをご紹介していきますね。**

3 イライラ解消法を持とう

イライラする子どもの行動とは？

私の講座に通い、1年以上学ばれているコーチたちを始め、受講生の皆さんも、中学受験に向かう熱が下がらなくて困ることは多々あります。
ママたちからよく聞く、イライラする子どもの行為ベスト3はこちらです！

1位　目の前でゲームやマンガ、YouTube三昧でダラダラする
2位　やるやる詐欺（やると言いながら、全然やらない）
3位　言われないと自分から動かない

これらの事態が引き金となって怒鳴ったり、嫌味を言ったりしていませんか。そのほかにも、携帯電話を折ってしまった、赤ちゃんが乗れる大きさのおもちゃの車を投げてしまったなどなど……物に当たるという話もよく聞きます。

メンタルを支える「リスト」とは？

こんなときの処方箋は、いろいろありますが、一番の特効薬は、**「仲間に気持ちをアウトプットする」**です。

続いて、**「仲間にコーチングしてもらう」「ノートに気持ちを書いてみる」**これが効くのです。コーチング仲間がいないときは、**「日記などに思いの丈を書き出す」**ことをお勧めします。

すると「10歳ちょっとで、遊びたいのを我慢してここまで頑張ってるうちの子どもはスゴイのかも」と新たな発見ができたり、「私、ちょっと前のめりだったかも……」と自分の状態に気づけたり、客観的な視点を持てば冷静になることができます。

少しずつ心が落ち着いてきたら、「自分の時間を大事」に過ごすことを心がけましょう。

なお、受講生の方には、どんなにメンタルが揺れても踏みとどまれる**「リスト作り」**をお勧めしています。それが、次の３つのリストの作成です。

①「やりたくないことリスト30」
②「私の素敵なところリスト30」
③「子どもの素敵なところリスト30」

①と②を作ると、「あ～こんなにやりたくないことを頑張っているんだ、自分ってエライ！」と思ったり、**「私ってこんなにいいところがあったんだ！」**と思い出すことができます。

ちなみに、**②を作るときは、できればご家族やお子さんにも聞いてみてほしい**と思います。

③はお子さんに見せてあげてもいいですね。お子さんがとても勇気づけられるはずですよ。

中学受験に向かう熱量が上がっているとき、恐らく、自分の人生や、今、そして自分の未来を後回しにしていることが多いのです。

ママ自身が大丈夫な状態でなければ、お子さんを大丈夫にすることも、お子さんに「大丈夫だよ」と伝えることもできません。

私はよく、受講生さまに**「ママが大丈夫なら、子どもは大丈夫ですよ」**とお伝えしています。

そのため、「私が大丈夫なら、子どもは大丈夫」と唱えながら、お子さんに向き合われた結果、見事、御三家を始めとする数々の難関校に、お子さん方が合格していっています。

ママは忙しいほうがいい！

塾の先生のなかには、ママに資格試験の取得を勧めるなど、子どもの尻を叩く代わりに、ママが前進する姿を見せるよう勧めるケースもあるようです。

ぴったり張り付くよりも、ママが忙しくしていたほうが、子どもは頑張れるものです。

私の場合は「仕事」で「わざと」忙しくしていました。

中学受験が現実味を帯びてくる小学5年生。受験のために仕事を辞めるママも珍しくない中、私は真逆の行動を取りました。航空会社のシンクタンクの客員研究員として、大学で講義を受け持つことになり、年間200コマの授業をこなしていくことにしたのです。

塾学年5年生に上がるときに、娘に相談しました。

「これから本格的に受験生になっていくよね？　ママも、何かにチャレンジすることであなたの受験を応援したいなと思ってるの。家に帰ったときに、ママはいません。淋しい思いをさせてしまうかもしれないけど、二人でチャレンジしてみない？」

娘は鍵っ子になってしまうことに不安を感じていたようでしたが、私の決意を見て賛成してくれました。

娘は、誰もいないガラーンとした家で、淋しかった日もあったかもしれません。そのため、必ず塾の迎えには行き、一緒に帰るようにしていました。帰り道「今日、どんな楽しいことあった？」から始まる傾聴の時間は、とても楽しいひとときでした。

子どもが高学年になったら、べったりくっついてお尻をたたくママから卒業する大チャンスです。習いごとや仕事、あるいは勉強でも、何かに挑戦して忙しくイキイキしている姿を子どもに見せるのも一手です。

「忙しくしていると子どものことばかり考えていられないので、イライラしなくてすむ」というメリットもあります。これらが結果的に、揺れ動くママの精神安定剤になってくれます。

4 「べったり卒業時期」の見極め方

課題を自分でこなせればOK

読者の皆さまの中には、「いつがべったり卒業時期なの？」と思われた方もいらっしゃるかもしれません。これについて、首都圏中学受験の超ベテラン、K塾塾長のG先生に訊いてみました。べったりからの卒業時期は、**「塾から出た課題、勉強時間に対して、どれだけ自分でできるかの達成率で測ることができる」**そうです。

例えば、「1時間でできる塾の課題をする」とします。その結果の作業効率が50％くらいであれば、手を放す土台ができているので、徐々にべったりをやめていくといいそうです。

つまり、**1時間でできる課題の半分を自分でできるようであれば、べったり卒業見込みがあ**

るということですね。

「何をどう手放していくか？」はぜひ、お子さんと話し合ってみてください。

「そろそろ、隣に座る時間を減らしても大丈夫かな？」

「ママが問題を出して答える方式を、別の方法に変えていくのはどうかな？」

というように、自転車に乗る練習のときのように、徐々に徐々に手を放していきます。いきなり手を放してしまうと、自転車は倒れてしまいますね。

どのくらい乗れるようになったかを、しっかり見極めながら手を放していきましょう。

「ママ、まだ後ろを押さえててね！」と思いながらも、子どもたちは、自分のチカラで自転車を漕ぐことができるようになります。

さて、**「この課題をする時間の目安は？」については、お子さんから塾の先生に聞けるといいですね。**もし難しいようでしたら、こちらも自転車と同じように最初だけ手を貸して、代わりに先生に聞いてみるのもいいかもしれません。そして、**「次はどうする？　ママが聞く？自分で聞いてくる？」**と二択にして自分でできるようになるまでサポートしていきましょう。

5 小6秋からは、こう接する！

子どもが伸びる接し方

「小6の夏までは、どんなにお子さんが彷徨《さまよ》っていたとしても見守り続ける」

これは塾長G先生の言葉です。では、9月以降、つまり子どもが自分で学び、結果を自分で受け止める、という体験をたっぷり積んだ後、ママはどのように接するといいのでしょうか。

G先生のお話では、**「秘書ママ&助手ママに徹すること」**を勧めています。実際、御三家を始めとした難関校に受かった合格ママは、無意識のうちにこうしたスタイルでお子さんに接しているように思います。ここではG先生のお話をもとに、私の経験や受講生のママたちの経験を交えながら、**小6の9月以降、どう行動し、どう乗り切っていくか**をお伝えしていきます。

男の子ママ編

にっこり見守る有能なテキパキ「社長秘書」

やはり、何と言っても、男の子はママが大好き！　だから、いつでもママに注目していてほしい、そんなお子さんが多いのではないでしょうか？

なかには「ママ、隣に座っててね」とリクエストしてくるお子さんもいらっしゃるようです。勉強を始めるときに「ギューしてー！」とお願いするお子さん方も。

さて、**秘書になるということは、秘書として**

ピシッ
社長こちら算数のプリントをまとめておきました
ごくろう

の分をわきまえることが大事です。

決して上から物を言ったり、命令したりしません。黙々と、淡々と、テキパキと秘書業務に徹します。社長秘書は、社長を睨んだり、圧をかけたり、命令したりしませんよね？

必要であれば、願書の提出のために小学校に出向いて、中学提出用の成績表をもらってくる、願書を取りに行く、説明会に行く、などの受験に向けてのこまごまとしたことや、過去問のコピーをして、科目別、年度別などでファイル。そして、**その日にやるべきことを「今日のお仕事はこちらでございます。」とにっこりとうやうやしくお願いします。**

今日の仕事をどこまでやるかは社長、いえ、子ども次第です。決して「まだ全部終わってないけど？」などと勇気をくじかず、「今日はこちらで終了なのですね」と何をやるかはお任せします。

お子さんが勉強している間は、部屋の少し離れた場所から、時折、ニッコリしながら見守る。プレッシャーをかけたり、勉強中に話しかけたりしません。

女の子ママ編

頼まれたことだけを忠実に手伝う「助手」

女の子は、男の子に比べて、精神年齢が高めなことが多いので、お料理の先生や研究者、あるいはお医者様をお手伝いする「助手」をイメージして振る舞うことをお勧めします。

同性同士ですから、どちらかといえば、**いい距離感を保ってサポートしていきたいところ。**手出しや口出しをしたりせず、分をわきまえて、言われたことを忠実に温かく実行します。

例えば、「過去問のコピーをしておいてね」

だったり、「採点してもらえる?」など、子どもから頼まれたことに徹します。

男の子との違いは「先回りしないこと」、これがポイントです。

うっかり先回りしてしまうことで、勇気をくじいてしまい「できないと思ってるんでしょ!」などと、バトルにもなり兼ねないからです。

御三家にお嬢さんが通う受講生のママは**「我が家はこの助手パターンでした。〝バイハーイ!〟と忠実に言われたことに徹してテキパキ動いていましたね」**とおっしゃっていました。

「お口にチャック」であれこれ言わずに助手に徹していたそうです。

とはいえ、性別で分けてしまうには、少し語弊があるようにも思います。

実は、お嬢さんが超難関校に通っている受講生のママが、**「うちは女の子ですが、私は社長秘書をしてました。過去問なども、全部私がコピーしてファイルしていましたね。ですが、やったの? などは言わないように気をつけていました」**とおっしゃっていました。

男の子だから、女の子だからというよりも、**お子さんに「秘書ママと助手ママ、どっちがいい?」と聞いてみるといいのかもしれません。**「秘書&助手のミックス」ということもあるかもしれませんよね。

ちなみに私は、どんなママだったかを娘に訊いてみたところ助手は助手でも、「さぁ博士！　実験しましょう！　オー！」といった、チアリーダー風のノリノリな実験助手のようだったそうです。実物大に拡大コピーしなければならない「過去問コピースキル」はママにはないと思われていて頼まれませんでしたし、採点や丸つけもしたことがありません。

思えば私は、娘を賑やかに応援して気持ちを上げる意味での助手だったのかもしれません。

なお、大手塾の場合は、これにプラスして**「過去問対策・添削をどこにアウトソーシングするか？」という問題**があるかもしれません。大手塾に通っていて、第一志望の学校にお子さんが合格された受講生の方が、**「個別のいい先生は、早く埋まってしまうので、早めにお願いして押さえる必要があるんです」**とおっしゃっていたことがありました。

娘がお世話になっていたK塾では、塾で全て見てくださっていたので驚きましたが、塾によっても大きな違いがあるかと思うので、この辺りはぜひ、先輩ママに、塾学年が小6に上がる前に聞いてみてください。

コラム⑦

「天使のささやき」でポジティブ洗脳する

お子さんを勇気づけるときに活用してほしいのが「できる子シャワー」と「天使のささやき」です。「できる子シャワー」とは「あなたならできる！」「できる子だね！」とことあるごとに伝えていくこと。

「天使のささやき」も同様に、伝えたいメッセージを繰り返し伝えていきます。

例えば、**「あなたは本番に強い！」**という「天使のささやき」を、**できれば試験本番の３ヵ月前から意識的に行ってみてください。**もし、もっと早くから取り組めそうだったら**半年前から行ってほしいのです。**

半年で完全に定着するそうです。

こちらは、メンタルや脳について熟知している理学療法士のH先生から教えていただきました。

本当に「本番強いかも！」と思える精神状態になれるそうです。「絶対合格できる！」「あなたは大丈夫！」のような他の言葉を一緒に使ってみるのもいいかもしれません。もしそう思えなくても、とにかくやってみてください。私も娘の小６の夏休み明けくらいから、ことあるごとに**「本番に強いもんね！」「できる子だもんね〜」**と声をかけていました。

6 塾の先生と連携する

成績向上に向けて協力してもらう

ママたちに、「塾の先生と連携を取れていますか？」とお聞きすると、ほとんどの方が、「あまり取れていません」とおっしゃいます。

実は、塾の先生と連携を取るメリットは大きいのです。

とはいえ、大手塾だと先生も変わりやすく、「個別対応はしません」と保護者会などで伝える塾があるという話も聞きました。

でも、同じ塾の別の校舎では、電話攻撃で先生のご協力を取り付けたという話も聞きます。

校舎によって対応に差があるのが実情のようです。ぜひ、諦めずにアプローチしてみてくだ

さい。

さて、塾の先生と連携できることで、

①親の不安、期待を塾に受け止めてもらえる

②塾の先生に子どもに言いたいことをお願いできる

という大きなメリットがあります。

私たちママの不安や心配、期待なども塾に受け止めてもらえたらどうでしょう？

行き場のない気持ちを打ち明ける場所があるだけで楽になれます。

さらに、「もっと家庭学習を頑張ってほしい」という気持ちを、**塾の先生に「もう少し家で頑張るといいところまで行けそうだよ！」と子どもに伝えていただくことで、バトル防止だけでなく、やる気のオマケがついてきます。**

私の娘は、塾の先生に声をかけてもらえると、いつも飛び上がらんばかりに喜んでいました。

塾の先生経由で、「親の思い」を伝えてもらえると、子どものやる気に繋がる大きなメリッ

トが生まれます。

また、子どもが塾に通うようになると、最大の関心事は「成績」です。私たち親はあれこれ成績向上法を考えますが、所詮、素人考えでしかありません。

中学受験のプロといえば、もちろん塾の先生です。日頃から私たちの子どもをよく見てくださっている**塾の先生に「子どもの成績向上大作戦」を相談する**のです。

実際にK塾では、相談さえすれば、オーダーメイドでの「子どもの成績向上大作戦」を一緒に考えてくださいます。個別に課題を出してくれることもありますし、「週間学習調査」を渡してくださることもあります。

「週間学習調査」は1日にどれだけ、何を勉強したかという結果を1週間、毎日書き込む表になっています。

1日ずつ、子どもが書いた結果に私たち親も印鑑を押します。1週間分が終わったら、保護者印を押して、子どもに提出してもらいます。

先生は既に「子どもの成績向上大作戦」のメンバーですので**「わ、頑張ったじゃん！」「算数の勉強時間増えてるね！　いい感じじゃない！」**とできたところを認めてくださったり、できていないところをいじったりしてくれます。そして**「もう1週間やってみようか！」**と新しいシートを渡してくれます。

こうして、「週間学習調査」を書いて、先生に見てもらうことで、勉強時間を増やすことができます。すると実際に成績も伸びてくるので、子どもはもっと頑張るようになります。娘も、「週間学習調査」が大好きでした。できても、できなくても、先生にいじってもらえるのが楽しみだったようです。

こんなふうに、**塾と連携することで、私たち親の手を離れて、子どもが自ら頑張ってくれるサイクルを手にすることができます。**

子どもが先生を好きになって、子どもと先生の間に信頼関係ができることが、何にも勝るやる気倍増、成績アップのカギだからです！

「こんなこと、うちだけお願いできるでしょうか？　図々しいと思われないでしょうか？」と、大手塾にお子さんが通っている方からご質問をいただくことがあります。

でも、難関校に受かるようなお子さんのママたちは、**大手であっても、中小塾であっても、教えてくださる先生方や受付の先生から、何らかのご協力を得られるように努力されています。**

塾の先生の応援を受けて、結果的に偏差値で12、クラスが6クラス上がったお子さんもいらっしゃいます。

お子さんが塾に馴染めていない、先生を遠く感じている、などであれば、尚更のこと、お子さんと塾とのキューピット役になってみてはいかがでしょうか。

最初は、緊張するかもしれませんが、

「うちの子、塾で先生が一番好きなんです。もう少しやる気を出してもらいたいので、ご協力いただけると嬉しいのですが」

とお伝えし、声をかけていただいたり、面談をしていただいたり、または、

「週間学習調査を見ていただけませんか？」

とお願いしてみてはいかがでしょうか。

繰り返しますが、先生との関係をつくるときは、感謝の気持ちをお伝えすること。まずはここから始めましょう。

お子さんが先生の存在を近くに感じ始めて、

「『最近、がんばってるね！』って先生が言ってくれたんだ！」

と嬉しそうにしていたら、お子さんと先生の関係も育っていますし、お子さん自身にやる気の芽が出ている証拠です。

塾との連携、大事ですよ！

7 良い塾の見極め方

志望校対策について、具体的に尋ねる

中学受験が苦しい理由を私なりに考えてみたのですが、その中の一つに、塾を信じられない、ということが挙げられるのではないかと思います。受講生の皆さまからも、「塾が子どもに合っているか心配」という声はとても多く上がります。

子どもが志望校に合格するために、「私たち親が、まずしなければならないこと」は信頼できる塾を選ぶことです。

塾長のＧ先生に伺ったところ、進学塾に入塾するときには、

「『志望校対策はどのようにされているんですか』という質問を必ずすべき」

と勧められました。

塾選びするときは、どうしても合格実績、塾の方針、先生や受付の雰囲気、通塾の曜日や時間に目が向きがちですが、このポイントこそが受験の明暗を分けることになるそうです。それはなぜかというと……、「最低でも週に2回、授業でその子と一緒に過ごさないと、得意分野、不得意分野、スピード、どんな性格かなどが見えてこないのです。そこまで把握した上で、成績表と突き合わせて志望校を決めていきます。**ましてや、顔の見えない成績表だけを相手に、偏差値だけで志望校を決めるなんてナンセンスです」**とのことでした。

受講生の方からお聞きするに、多くの塾では、子どもの顔もわからない教室長先生や、面談だけをする先生、週に1回程度しか教えていない先生が、大事なお子さんの志望校面談を担当するケースがほとんどのようです。これだと、6年生の秋になって、偏差値だけで志望校を選ぶことになったり「こんなはずではなかった」という納得のいかないケースも出てきてしまいそうです。

では、大手塾では、納得のいく中学受験をすることや、先生と連携するのは難しいのでしょうか？ いいえ、必ずしもそうではないのです。

8 大手塾で先生と連携を取る方法

まずは、感謝の気持ちをお伝えする

大手塾にお子さんを通わせているという方から「なかなか先生と連絡が取りづらいし、遠慮してしまいます」という声をたくさんお聞きします。

ですが、**大手塾でも先生と連携を取れるようになる方法があります。**それは、年に何回か実施される保護者会がカギとなります。ここで絶対にすべきことがあります。

全教科の先生に対して、感謝の気持ちを伝えることです。つまり、全教科の先生の列に並んでひとりひとりに感謝を伝えるということです。

どんなに時間がかかっても、どんなに待ってもこれだけはすべきです。私たち誰もが、感謝の言葉を伝えてくれる人には、心を尽くしたいと思いますよね。それは先生も同様です。聞きたいことだけ質問して、そそくさと帰っていませんか？　本当にもったいないことです。

以前、中学受験を終了した先輩ママをお迎えして経験談をお聞きするというお茶会を開いていました。そこに来てくださったHさんは、お子さんが大手S塾の最上位クラスにご兄妹で在籍後、お二人とも御三家に通っています。

「塾に対して何か働きかけましたか？」とお尋ねしたところ、

「毎回の保護者会で、全教科の先生の保護者の列に並んで感謝の気持ちを、兄のときも妹のときも必ず伝えていました」とお答えになっていました。

さらに伺うと、**「兄の学校の話ですが、通っているお子さんのママたちも、塾の先生からの協力を勝ち取るのが、とてもお上手な方が多いんですよ」**とのこと。

お子さんのために、いかに塾の先生からの協力を勝ち取ることができるか――。

これこそ、私たち親にしかできない大切な仕事です。ましてや、この力がひいては志望校選びや、合否に大きく関わってくるのです。

私の友人は、大手塾にお子さんを通わせていましたが、塾が自分の子どもには合わない中学を志望校として提示してきているように感じたそうです。そこで、お子さんをよく見てくださっている塾の先生に直接コンタクトを取って、こう尋ねたそうです。

「本当に、うちの子に合う学校はどこだと思いますか？」

すると、真逆の校風である学校名が出てきたのだとか。

そこで小6の11月に、急遽志望校を切り替えて対策をしたことで、事なきを得て合格されました。

成績やクラスの順位など、いろいろなことに理由をつけて遠慮している場合ではないのではないでしょうか。

今からでも遅くはありません！　積極的に先生方を頼りにして、お力を借りましょう。

もしかしたら、迷惑をかけてはいけない、「いい親」と思われたい、何か相談すると「モンペ」「うるさい親」と思われそうで怖い……。

そんな想いを抱える方が大半なのではないでしょうか。
だからこそチャンスとも言えるのです！

「先生のおかげで楽しく通わせていただいています」

「先生に声をかけていただいて、やる気が出ているようです。ありがとうございます！」

こんなふうにしっかりと感謝をお伝えする方は意外と少ないのです。
また、先生にいただいたアドバイスを実践した結果について、お伝えする方も本当に少なく、K塾の先生によると「1～2割」とのことでした。

先生にアドバイスをいただいたら、

「教えていただいた通りにしてみたら、家庭学習に取り組めるようになりました！」

このように、保護者会やお電話などでお伝えしましょう。そんな積み重ねが、先生と心が通い合い、ご協力を得られることにつながっていきます。

9

闘魂注入で、子どもが本気に！

塾の先生の言葉は100％響く

我が家の娘は繊細で凹みやすいため、「娘をどう勇気づけるか？」これが私の課題でした。実際、私がどんなに「頑張れ」といった声かけをしても響きません。

そこで、娘が大好きな**塾の先生とのメールのやり取り**（何かある度に感謝の気持ちを伝え、事務的なお願いごとをしていました）**を娘に見せることにしました。**

そこには**「よく頑張っている」「期待している」「もう少し頑張ってほしい」**などの娘に対する先生の言葉が散りばめられていました。**それを見た娘は、「わぁ、先生、期待してくれてるんだ！」「もうちょっと頑張れかぁ……、よし！」などと真摯に受け止め、それを糧にして頑**

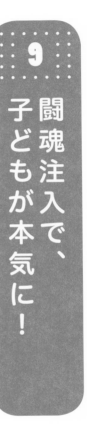

張るようになりました。

そこで、娘のメンタルが低下したときにも、メールにて、塾の先生に「闘魂注入お願いします！」と、お願いをするようにしてみました。

すると、すぐにご対応くださって、その日のうちに娘のメンタルは回復！

私が何日もかけ、傾聴し、励ますよりも、あっという間に元気に、前向きになってくれるのです。先生のお力って本当に偉大です。

もちろん**「先生から闘魂を注入していただいたおかげで、あっという間に元気になりました！」**と感謝の気持ちを伝えたり、保護者会でお会いしたときには**「いつも娘を励まし支えて**

くださってありがとうございます！」とご挨拶は忘れないように心がけました。

我が家ではこんなふうにして入試本番前日まで、塾の先生に娘のメンタルを支えていただきました。そして、第一志望校に合格です。

「悔しい思いをバネに頑張れ」などの根性論は、塾の先生が言ってこそ！

親が言っても子どもには響きません。娘は、3年生のときのご担当で、算数の点数を劇的に上げてくださったY先生が、**「いつも『その悔しさをバネにするんだ！』と言って励ましてくださったから頑張れた」**と、ことあるごとに話していたので、私も同じことを伝えてみたものの「そんなことわかってるし！」とけんもほろろでした。

「何を言うか？」ではなく「誰が言うか？」なのですね。

同じ塾のママは、「歯磨きをするように言ってください」「髪を切るように言ってください」まで先生にお願いしていたこともあったそうです。何度、口をすっぱくして言っても聞かないのに、先生からの言葉だと一発だった、と話してくれました。

塾の先生からの言葉、特に闘魂注入は、子どもにとって絶大なる威力を持っています！

ぜひ、勇気を出して、先生からのご協力を勝ち取ってみてください。

10 試験日までの過ごし方

2月1日まで100日を切ると、塾にもカウントダウンのポスターが貼られたり、いよいよ！な雰囲気に包まれます。親は緊張しますが、初めての経験である子ども達は、ピンときていないことも多いかと思います。

受講生のママの中にも「緊張感が出てきて、『よし！　いくぞ！』と親子でハチマキする感じになるかと思いましたが、意外に子どもは淡々としているんですね」と話された方がいらっしゃいました。**実はここから必要なことは、「当日、脱力した精神状態で受験できること」にむけた準備なのです。**

折角、長い期間かけて準備してきたことが、「当日の緊張感とプレッシャーで台無しになってしまったら、元も子もありませんよね。そんな悲しい日を迎えないように、私たち親が気をつけるべきことをお伝えしていきます。

100日を切ってからの過ごし方

そろそろ**マンガやゲームを封印する時期**になってきます。

ぜひ、**塾の先生から、封印したほうがいいものに関するアドバイスをいただきましょう。**

保護者会でお話ししてくださるかもしれません。

直前期のゲームルール、テレビルールに変更したりして、試験に向けての勉強体制を整えていけるように話し合っていきたいところです。

ですが、「テレビ禁止！　ゲーム禁止！」と、ストレスを増やしてまですることなのかは、よく子どもの話を聞いて、ストレスが溜まらずに勉強できる環境をつくっていきましょう。

私は、この時期に人気動画のアカウントをうっかり取って、娘が観られるようにしてしまいました。どうやら自制しながら観ていたことがわかって、胸をなでおろしました。

私のようなことは決してお勧めしませんが、**子どもをハナから信じないことは、子どもの勇気をくじいてしまい、やる気も同時に奪いかねません。よく話し合って、お子さんのストレス**

を増やさない取り決めにすることが大事です。

1月の過ごし方

全国模試がなくなって、子どもの立ち位置がわからなくなります。そんな中で、「前受け」や「お試し」「滑り止め」という言葉が飛び交います。

でも、**「前受け校、お試し校、滑り止めに行くことになったんだね」とお子さんが捉えてしまうことは避けたいこと**だと考えます。

我が家は、第一志望以外は、「すべて第二志望」としていました。

もちろん、塾には順位を提出しましたが、どこの学校に入ることになっても「第二志望に受かった！」と娘が思えるように留意していました。

実際に、魅力的な学校ばかりでしたので、こうすることで、私の気持ちもラクになりました。言葉選びに気をつけておきたい1月です。

私たち親は「不合格だったらどうしよう。この子は立ち直れるのだろうか?」と悩みますが、実は、自分たちがどうなってしまうのか? が怖いのではないかと思います。**どんな結果であっても「よくやったね!」と言える自分づくりをしておくことが大事です。**

直前の過ごし方

私たち親も不安マックスですが、子どもの不安も相当大きいものです。

もしかしたら「絶対受からない病」にお子さんがかかることがあるかもしれません。

実際に、**私の娘は1月の試験が不合格になり、「絶対受からない病」にかかってしまいました。**

我が家では「困ったら塾」が方針でしたので、K塾に駆け込みました。

すると超ベテランのI先生が、どっしり落ちついた構えで、**「いるんだよなぁ、毎年、絶対受からない病にかかる奴が。けど、そういう奴に限って第一志望取ってくるんだよ。だからお前も大丈夫」**と話してくださったのです。それで娘の気持ちも一気に上がり、その日から落ちついて過去問に取り組むことができるようになりました。

子どもが不安でいっぱいなときは、もちろん私たちママが不安を聴いてあげたいところですが、やはり信頼する先生に相談することが一番かと思います。**もし、1月に不合格をもらって、親子で不安になってしまったとしたら、迷わず、塾の先生に相談することをお勧めします。**

前日の過ごし方

塾の激励会などがあり、子どもの心も高揚しているかもしれません。

でも夕食は、特別メニューにせず、いつもの普通の食事にしましょう。早めにお風呂に入って就寝することが翌日のコンディションを整えることになるかと思います。ちなみに娘は、いつもより早く寝てしまいました。

この道35年のG先生のアドバイスは、

「普段通り、いつも通り、特別なことはしない」です。

前日からこれをしっかり守ることで、日常の延長としての試験前日を過ごすことができました。大事なキーワードは「普段通りにすること」だと思います。

当日の過ごし方

この日までに、たくさんの模試を受けてきたことと思います。その模試と同じスタンスで過ごしましょう。第一志望だからといって、テンション高めにならないように。

G先生が教えてくれました。

「子どもに必要なものは応援じゃない、激励じゃない。脱力することです」

娘の受験を振り返っても、激励に来てくださる先生方はみんなリラックスさせてくださいました。

大手塾では、賑やかに塾の先生方の花道があったり、握手の激励があるかもしれませんが、どうか、お子さんが「脱力」した状態で試験に向かえるように、私たちママは気を配りたいところです。それでこそ、お子さんは、リラックスして実力を発揮することができるのです。

また、**怖気づいているときには、「目標」を思い出させてあげてもいいでしょう。**

娘の第二志望校受験の朝、第一志望校の合格発表がある日でした。

「合格するかな？」と、とても緊張した面持ちの娘に、

「今日は、間違いなく、人生で最高の1日になる！　おいちゃん《I先生》にもういっこ《合格》取ろう」

と、私は背中を押しました。

娘は、「小3からお世話になっているI先生に合格をプレゼントしたい！」という目標を持っていたからです。大きく「うん！」と力強く頷いて、颯爽と試験会場に入っていきました。その後ろ姿に思わず涙が出ました。

この日のために頑張ってきた子どもの雄姿、ぜひ、目に焼きつけてほしいと思います。

「子育てしてきてよかった、中学受験してよかった」

そう思える1日となるように、今から悔いのないよう、日々を過ごしていきましょう。

エピローグ

かつて私はバリバリの「べったりママ」で、恥ずかしいほど筋金入りの超教育ママでした。

「優秀に育てたい！」という野望が大きく、幼稚園受験、小学校受験も経験しています。ものの見事に惨敗しましたが……。

特に国立大附属の小学校受験のときには、毎日毎日、横に張り付いて、お話の記憶を出題し、図形プリントのノルマをこなさせました。憧れの制服を見かける度に「先輩になる人だね！」という洗脳も忘れない徹底ぶり。ですが、結果は不合格……。

「どうして？　私、がんばったのに！」

と、真っ赤な顔で号泣する6歳の娘。私の指示を全て素直に受け入れて頑張ってきたピュアな心をポキンと折ってしまいました。今振り返ると、教育虐待一歩手前くらいの教育ママぶりでした。どんなに小さな子どもであっても、自分なりの感じ方、考え方を持っています。私は、その想い、気持ちを一切尊重することなく、娘をお受験に駆り立てました。

親というものは、たやすく子どもの人生を支配できてしまいます。本来、進むべきでない不

正解な道へと導くことすらあるのです。

「子どもは親の所有物ではない」「私の野望で、大切な子どもの人生を潰してはならない」娘の泣き顔を見て、こう心の底から思いました。この苦い経験が、私の中学受験サポートの教訓となっています。

子どもが幸せに自立し、自分から進んでイキイキと学んでいくためのサポートをしたい。良い親子関係を築きながら、中学受験を笑顔で乗り切れるお手伝いをしたい。

そんなふうに考えて、既に資格を取っていた子育てコーチングに加えアドラー心理学を学び、自らも実践しながら講座やコーチング活動を行って現在に至っています。

現在、中学受験を志す保護者の方々に、アドラー心理学とコーチングを掛け合わせた、たなか流「合格コーチング」や「勇気づけ勉強会」をご提供しています。

「子どもがやる気を失い、成績も低迷している」「口げんかが絶えず、親子関係がボロボロ」「子どもを潰しそうで怖い」

そんな不安、焦りを抱えている方々は少なくありません。

そこで、ご提案するのがアドラー心理学の「勇気づけ」に基づいたアプローチです。

実際に、支援させていただいたママさんからは、

「何を言っても耳を貸さなかった子どもが、素直になりました！」

「自分から勉強するようになりました」

「塾の先生と上手に連携が取れ、成績が伸びてきました！」

こんな嬉しいお声をたくさんいただいています。難関校に合格したお子さんのママからは、

「本番の試験の直前も『ママ大好き！』と言ってもらえました！」

「受験が終わった後、『最後までやりきった！ お母さんを愛してるよ』と言われました」

こんな嬉しい声も、毎年、たくさんいただきます。

皆さんに共通するのは、つらい中学受験が、楽しい中学受験に変わること——。

受験は取り組み方次第で、タフに楽しく乗り切っていくことができます。本書では、そのエッセンスを余すところなく散りばめてあります。

アドラー心理学では子育ては15歳までとしています。**中学受験は、子どもに親身に関わり、親子で同じ目標に向かえる最後のイベント「親子最後の共同作業」です。**合格発表までの時間が、

愛するわが子を至近距離で応援できる、かけがえのない時間になる……。

そう考えると、偏差値や結果に振り回されるだけの日々で終わらせるのはもったいない。そう感じてなりません。どうせなら、親子共に成長して、実りある時間を過ごし、やって良かったと思える取り組みをしてみませんか。

「最高に楽しい中学受験ができた！」と、合格発表の日、ぜひお子さんと笑顔でハイタッチしてください。読者の皆さまとお子さんの中学受験が、最高の思い出となりますよう心から応援しています。

最後に、この本を執筆するに当たり、最も多忙な時期にお時間を割いてくださった難関中学受験名門Ｋ塾の塾長を始めとした先生方、Ｋさん、勇気づけ子育てコーチング協会のマスターコーチの皆さま、勇気づけ中学受験グループコーチング受講生の皆さま、本書の出版に関わってくださったすべての方々と、最後までお読みくださった読者の皆さまに心より御礼を申し上げます。

たなかみなこ

二〇二〇年三月

〈著者紹介〉

たなか みなこ

一般社団法人勇気づけ子育てコーチング協会　代表理事
御三家、難関校を受験するお子さんのママたちから熱烈な支持を受ける「合格コーチング」の超プロ。「子育てコーチング＆アドラー心理学」を掛け合わせた手法が**「結果が出る！」**と大きな評判を呼んでいる。
ちょっとした「声かけ」で、子どものやる気に火がついて、

- **苦手科目のテストの点数がグンとＵＰする**
- **上位クラスにスッと入れる**
- **偏差値が 10 以上伸びる！**
- **合格圏外から、合格圏内にポーンと入れる！**

など、数々の逸話が尽きない。

親子の信頼関係が深まり、子どもが自力でグングン伸びていき、スゴい結果を出せるため、**「中学受験、楽しかったね！」「ママ、大好き！」と笑顔で御三家、新御三家を始めとする難関校への第一志望校合格を手に入れる家庭が続出している。**
自身の娘は第一志望の女子御三家ほか最難関校に合格。

現在、個人コーチングや講座にて、中学受験を志すご家庭のママたちのサポートを精力的に行っている。元 ANA グランドスタッフ、役員秘書。元 ANA 総合研究所客員研究員。国家資格キャリアコンサルタント。

一般社団法人勇気づけ子育てコーチング協会
https://encourage-coaching.jp/

中学受験で超絶伸びる！　受かる家庭の習慣

2020 年 3 月 24 日　　第 1 刷発行

著　者——たなかみなこ

発行者——徳留慶太郎

発行所——株式会社すばる舎

〒 170-0013 東京都豊島区東池袋 3-9-7 東池袋織本ビル
TEL 03-3981-8651（代表）　03-3981-0767（営業部）
振替 00140-7-116563
http://www.subarusya.jp/

印　刷——中央精版印刷株式会社

ISBN978-4-7991-0890-1